開運風水

水大師

簡易居家 風水

輕鬆學

樂活 8

開運風水大師：簡易居家風水輕鬆學

編　　　著　常娟
出　版　者　大拓文化事業有限公司
執 行 編 輯　賴美君
封 面 設 計　林鈺恆
內 文 排 版　姚恩涵

法 律 顧 問　方圓法律事務所　涂成樞律師

總 經 銷　永續圖書有限公司
劃 撥 帳 號　18669219
地　　　址　22103 新北市汐止區大同路三段一九十四號九樓之一
TEL　(〇二)八六四七─三六六三
FAX　(〇二)八六四七─三六六〇
E-mail　yungjiuh@ms45.hinet.net
網　　址　www.foreverbooks.com.tw

出 版 日◇　二〇二一年二月
Printed in Taiwan, 2021 All Rights Reserved

大拓
Talent Tool | 永續圖書線上購物網
www.foreverbooks.com.tw

國家圖書館出版品預行編目資料

開運風水大師：簡易居家風水輕鬆學 / 常娟編著.
-- 初版. -- 新北市：大拓文化事業有限公司, 民110.02
面；　公分. -- (樂活；8)
ISBN 978-986-411-134-3(平裝)
1.相宅

294.1　　　　　　　　　　　　　109022243

前言

　　隨著社會主義文明進步發展，人們的生活水準日益提高，對居住的內外環境佈局也越來越重視。例如，人們在選擇陽宅時，首先察看周邊環境，然後再設計佈局宅內的環境，尋找吉利位置，將宅內佈局設計調理平衡，使宅內呈現出生機、美觀、和睦的氛圍，達到天時、地利、人和的和諧境界。

　　風水是一種古老文化，現在風水觀念被越來越多的人所接受。人們開始認識到居住在不同住宅中的人，一生中的運氣會有很大不同。住宅風水講究吉凶，能做到趨吉避凶才是好的風水。

　　住宅的主人是全家的重心，只要宅主旺，其他人也會跟著受益。因此，要遵從陰陽調和、五行勢順的原則，住宅的大門、主臥室、床位、辦公桌、廚衛等物品，必須對房主人形成吉勢才是好的居家風水。

第一章

居家風水

第二章

玄關

第三章

窗戶

第四章

走廊

第六章

客廳

第八章

兒童房

第九章

書房

第十章

餐廳

第十一章

廚房

第十二章

廁所

第十三章

居家裝潢

第十四章

家用物品

第十五章

新婚房

第一章

居家風水

居家風水的對象

有的人上班離家很遠，就在公司附近租房子住。那麼，他的居家風水應該以哪裡為準呢？當然以租住的房子為準。

居家之地是我們日常生活所在的地方，在那裡睡覺以恢復體力，因為在這所住宅的時間很長，所以住宅和人才能產生密切的關係。如果你離開家，到其他的地方居住，這個家對你的影響力就會逐漸減弱，最終被新家的影響代替。一般以 90 天為界限，搬離一所住宅 90 天以上，新的住宅就開始對你產生影響。

有的人以店為家，前面當店鋪後面為家，這種情況下，居家風水則只看後面。女性出嫁後，則以夫家來論風水。長期出差者，又以出差後的居住地為準。

居家風水因人而異

風水的基本原理是陰陽平衡，而人體也講究陰陽協調。風水環境是一個大的磁場，人本身是一個小磁場，它們之間的影響是相互的。所以，風水環境雖然重要，但應該以人為本。如果只從環境角度來談論風水的好壞，也就沒什麼現實意義了。

由於每個人的磁場不同，所以同樣的風水環境，對人的作用也會大相徑庭。例如同一所宅院裡，張姓一家人財兩旺，而李姓則人財兩空。所以說，住宅風水必須和居住者的命理及職業相符，才是好的風水。

環境影響居家風水

　　住宅的周圍一般都會有其他建築和樹木等，這些環境因素對居家風水的影響絕對不能小覷。

　　首先忌諱的是墓地。墓地不管在住宅的哪個方位，都是不吉利的。其次是帶電的場所和物品，例如電梯、電線杆、照明燈、招牌燈等。電梯對人的影響最大，正對電梯居住的人可能有血光之災。而對於金命的人是吉，另外對於拿刀的職業人也是吉，例如執手術刀的外科醫生、拿刀剁肉的賣肉者、拿剪刀的理髮師等。電線桿上的電線和接收衛星信號的電線如果是背對著住宅，則是很好的風水佈局。如果是正對著，那麼，天線放射的磁場會干擾住宅，給家人帶來疾病。夜晚有照明的燈光一直照進屋裡也會形成凶煞，但是如果家人命中缺火，燈光又不是很亮的話，則是吉象。

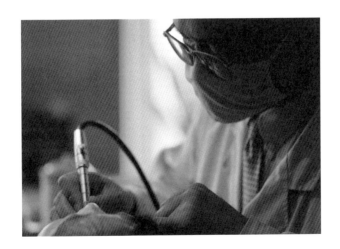

　　很多住宅的附近都有樹，樹對住宅也有很大的影響。大門忌正對大樹，如果大樹在門的右邊，而且左邊沒有更高的樹，則為白虎樹，意味著女性當權或桃花運多。如果大樹在左邊，則為青龍樹，意味著男性是貴人，是吉象。這些因素都是人造的，只要認識到，即使是凶

象也可以改變。

住宅前的道路預示吉凶

風水學上講，住宅前的道路若是環形路，可以認為住宅是吉利之地。住宅要位於圓環形道路的裡面，風水上稱圓環形的道路為玉帶路，是大吉的道路格局。如果住宅位於圓環形道路的外側，就成了「反弓路」，風水上是大凶的格局。

門前的道路若是 T 形、Y 形，住宅是不利的風水格局。在選擇住宅社區、房地產的時候，一定要注意道路給住宅帶來的凶煞。

住宅人氣對風水的影響

如今很多年輕人都到城市裡打工定居，鄉下的房子只剩下了老人，房子很大，人很少，人氣不足，氣場也會停滯，如果長期在這裡居住下去，會對身體產生不利的影響，人越來越虛弱。要化解，可以把房子一部分租出去，或者把孩子叫回家來住。

養狗對風水的影響

自古以來，狗都是家庭中最受歡迎的寵物，許多人也視狗為人類的朋友。這是因為經研究證實，養狗還有消除緊張壓力、穩定情緒、放鬆生理緊張和預防疾病等諸多好處。

而在風水的開運佈局中，如果

一個人生於冬天，那就很需要熱土給予他溫暖。其中代表熱土的動物就有兩種：一個是羊，另一個是狗。所以吃羊肉和養狗都可以使一個人得到溫暖，並讓他在整個冬天都走好運。

金屬材質的狗窩

狗在十二地支中五行屬土，如果狗窩用金屬製或是狗窩處皮製品太多，則會出現金洩土的狀況，小狗在此處休息會出現健康問題。

養狗要避開的住宅朝向

在十二地支方位中，「辰」與狗相沖，「丑」與狗相刑。如果住宅大門開在辰方即東南方，則這家住宅不宜養狗。如果大門開在丑方即東北方，也不適宜養狗。

不是所有人都適合養狗

現代家庭都喜歡把狗當寵物養，覺得這樣既是一種樂趣，也會產生一定的風水效應。

不過，有些人怕狗，但本身需要戊土，此時就可以用泥做的狗取代真正的狗。但不管怎麼說，一隻真正的狗都比狗的工藝品更具風水效應。雖然有很多人特別喜歡養狗，但還是有不少人是很怕狗的。一般來說，生於農曆五月至八月或生於十月八日至十一月七日，也就是生於巳、午、未、戌四個月份的人，因為本身極熱，所以是不宜養狗的；而生於四月五日至五月五日的人，即在龍月出世，如果還出現了甲乙、乙庚、丙辛、丁壬、癸戊五種組合之中的任意一種，並產生良好的合化局，也是不能養狗的，否則會將龍的生化破壞。狗在開運佈局及八

字上可使你極行運，也可以使你衰到極點。因此，還是要按照人的需要決定養不養狗。

不適合養貓的住宅

養貓之前應考慮住宅的方位。一般認為住宅方位在東北、正南和西北方位時，飼養貓類是很有利的。反之，除去這幾個方位之外的其他方位，則不宜養貓。

替貓選擇一個地毯

在五行中，貓屬木，黑色、藍色屬水，水可生木，所以貓睡覺的地毯可以選擇黑色和藍色。另外青色和綠色屬木，木可助木，也對貓的生長有利，因此青色和綠色的地毯也可選用。

並非所有的人都適合養貓

養狗時要結合人們自己的命卦，養貓時也是如此。風水學認為，貓屬寅木，而寅木最大的功能就是可以幫助戊土。所以逢戊土日出生的人，就一定需要寅木，寅木當中還包含了甲木、戊土和丙火。因此身體虛弱的戊土就一定要有寅木，需要借助老虎和貓的力量來增進自己的身體健康。寅木本身為火，極易生火。所以假如你缺火的話，就可以養貓。

　　此外，還有一些不適合養貓的人：生於 2 月 4 日~3 月 5 日，也就是寅月的人，就屬於貓月出生的人，是不宜養貓的；生於 5 月 5 日~8 月 7 日火月和 10 月 8 日~11 月 7 日戌月的人，也不宜養貓。

　　而適合養貓的人必須生於較寒冷的辰月，也就是 4 月 4 日~5 月 4 日，或者是生於金旺的季節，也就是 8 月 8 日~10 月 7 日，或是 11 月 8 日~翌年 2 月 3 日。當然如果不方便養貓，還可以擺放貓的工藝品，例如刺繡等。

　　　　此外，還有一種人也極需貓和老虎，就是生於乙木日的人。乙木人，特別是男士，如果要想在事業上步步高升就必須倚靠甲木，而甲木其實就是貓了。

　　因為貓在開運風水中代表木火，所以養 3 隻或 4 隻貓就代表很多火，而 1 隻或 2 隻，貓則代表有較多木，11、12 隻貓屬火，13、14 隻貓則表示極火。假如你希望透過養貓而獲得木火的長生，那麼養 3 隻貓最合適。

第二章

玄關

玄關的風水意義

　　財神進門之處和我們人進門的地方是同一處——玄關。玄關是一個過渡空間，是住宅室內和室外的連接點。現在我們都將這個地方稱作門廳、過廳，用於進屋換鞋、脫衣服，是一個緩衝空間。具體說來，玄關甚至可以接待訪客、接受郵件，也可以是放置皮包的地方。另外，有些人還把玄關看做一個溫差保護區，可以防止冬天開門時冷空氣直接進入客廳內。

　　風水學有「喜迴旋、忌直沖」的說法。如果大門直接與客廳、陽臺等相連相通，不僅居住者的隱私得不到很好的保護，前後相通的格局對居家也十分不利。

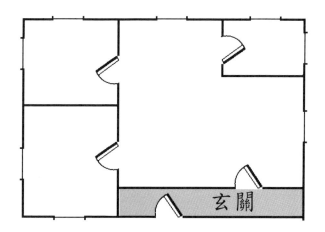

玄關的作用

　　玄關最基本的作用是防止旺氣外洩，讓氣流在屋內緩慢回流，達到藏風聚氣之效。其次，有的住宅門口犯煞，設計一個好的玄關，可以有化煞擋煞的作用。再次，如果沒有玄關，從門外經過的人可以一眼望到客廳，家庭隱私外洩，使人沒有安全感。

最後，玄關雖然和其他的房間相比，面積要小很多，但它的設計卻更加靈活，能讓你大展身手，發揮奇思妙想，給居家帶來別具特色的美感。

佈置玄關

風水上認為大門外和大門內的氣流性質不同，如果直接對沖會對風水有害，只有讓它們相互融合才利於風水。這就是玄關的風水功效，而只有在佈置玄關時注意以下幾個方面，才能真正營造出住宅的好風水。

1. 結構

由於現代居家都不會有太大的面積，因而玄關空間也不適合太大。否則玄關大而內室小，就如同門大室小一般，不利風水。玄關過大，其他的房間也會感到局促，不利於有效利用空間。

2. 風格

對玄關進行裝修，應根據其本身的結構來決定其風格，不過最好是簡潔、大方。如玄關是一條狹長的獨立空間，則可以採用多種裝修風格。如玄關與廳堂相連，沒有明顯的獨立空間，可利用間隔將其分隔，並製造獨特的風格，也可以與廳堂的裝修風格相統一。如果玄關已經包含在廳堂裡，宜與廳堂的裝修風格相統一，與此同時應對玄關進行畫龍點睛式的修飾，為廳堂增加亮點。

3. 圖案

玄關的圖案最好能配合裝修的風格，儘量做到美觀大方，並注意使用帶吉祥寓意或有辟邪功能的圖案。如採用蓮花、獅子、龍鳳、魚、金錢等圖案，也可以擺放與這些圖案有關的飾品。地板要避免有尖角對著門的圖案，也不要讓木地板的紋理對著大門，它們同樣會形成凶煞，不利家運。

4. 顏色

玄關處的顏色宜淺不宜深，這是因為深的顏色容易使玄關看起來死氣沉沉，沒有活力。

5. 天花板

玄關的空間是空氣流通的關鍵，宜較為寬敞，如此才能利於家中的氣運。如果天花板太低，容易造成壓迫感，這就象徵著家人容易受到壓制，難有出頭的一天。因而玄關的天花板宜高不宜低，顏色宜淺不宜深。此外，玄關天花板安裝鏡子乃風水的大忌，應絕對避免。

6. 燈光

玄關處的燈以圓形為最好，象徵著圓滿。燈光宜採用白色燈光，白色燈光代表理性，是果決、理性的判斷力，因而利於家人成員使用錢財時理性一些。

黃色的燈光則代表感性，感性讓人猶豫不決，不利於判斷，使用黃色燈光也易使家人在不知不覺中花掉錢財。

玄關佈置多盞燈時要將它們排列為方形或圓形，方形象徵著方正平穩，圓形則象徵著團圓，均利於家運。切忌將它們排列成三角形，尤其是將三盞燈懸掛在玄關頂部，就會形成三枝倒插香的局面，為凶。

玄關處如果有橫梁會使人一進門就感覺壓力，玄關主管財運，這種壓力會影響全家的財運。如果無法避免，則需要在橫梁下裝設燈，將燈光朝向橫梁，利用燈光效果削弱橫梁的影響。

7. 牆面

玄關的牆面由於與人的視覺距離很近，因而通常只是作為背景予以烘托。無論採用哪種方式裝飾，都應避免堆砌，以點綴達意為最佳。此外，玄關牆面不宜凹凸不平，會導致空氣流動不暢，勢必令宅運出現諸多阻滯。

8. 地板

玄關處的地板應平整，同時要注意防滑處理，以免破壞家運，可

用地毯遮蓋已經打磨光滑的地板。此外，玄關的地板下不能有地下排水管，否則會導致財水在玄關進行內外交流的時候受到污染，可能令家人有健康問題，使財路不順暢。

玄關的空間

玄關是減緩氣流的地方，所以不宜大也不宜小。玄關如果太小，氣流就會快速穿過，如果太大，又會阻礙氣流的通過。所以，要根據玄關的大小，擺放一些小型的傢俱，或者在牆邊擺放小型盆景植物，進而達到減緩氣流的作用。

玄關正對著門口

風水學上認為，玄關與住宅的正門成一條直線，外面過往的人便會很容易看到家裡的一切，這樣不利於保持家裡的隱密性。

玄關應設在門口的偏左或偏右的位置，不要正對著門口。如果裝修格局已定，那麼就要加一扇屏風，或是擺放高大的木本植物。

玄關的吊頂

玄關處的吊頂，宜高不宜低。吊頂如果太低，不但給人一種壓迫感，在風水上也象徵居住者工作運不濟，會受到別人的壓制，難以出人頭地。

玄關的吊頂高，則便於空氣流通，有利於外界與住宅的氣流溝通，對住宅的氣運大有好處。

玄關的燈

風水學上說，光線可以引財，有生旺作用。因此，要趨旺財運，引財入屋，首先要保持玄關燈光明亮，玄關的燈最好經常點亮。

如果不能做到每天點亮，至少保持週末和每月初一亮著，大年三十到初五要一直點亮。這樣，才有利於吸引財神的光臨。若是新搬房，把玄關的燈點亮一週，可以達到化煞驅邪的作用。

由於玄關一般沒有採光的窗戶，只能採用人工照明，通常用白熾燈、吸頂燈和壁燈，不宜採用日光燈，因為日光燈在狹小的玄關裡會顯得刺眼。

玄關燈的數量也有講究，依據河圖洛書，以安裝三盞、四盞、九盞燈為吉，一盞燈有三、四、九個燈頭也行，可以有旺財之效。

玄關頂燈排列

玄關頂部的燈，無論是筒燈還是射燈，通常都不會只設一盞，這就存在燈的排列問題。多盞燈可以排列成圓形，也可以成方形，但最忌三角形。

圓形象徵團圓，方形象徵四平八穩，而三角形的擺設則形成「三枝倒插香」的局面，對家運不利。

玄關的光線

玄關影響到整個住宅的風水，因此玄關在整體上應當整潔明亮，讓人感到溫馨。

玄關處要有足夠的光線，使其明亮。如果室外的自然光不夠，就用室內的燈光來補救；其次，玄關的間隔以通透為主，最好選用透

光的磨砂玻璃，如果用木質，應該選用色調較為明亮的木板。

玄關處有橫梁

玄關等同是住宅的喉部，若有橫梁煞氣壓下來，讓外界氣流無法順暢進入，象徵家人多病多痛，事業上阻礙較多。

橫梁煞屬土，可在橫梁上懸掛一套開光五帝錢，以土生金來化煞氣，也可在橫梁下方的左右兩邊各安一盞圓形壁燈，燈光向上照，形成托起橫梁的氣煞力量。

玄關材料

玄關是住宅進出的主要通道，玄關的牆壁及地板平滑，則氣流暢通無阻。如果以凸出的石塊作為玄關裝飾，有凹凸不平之感，那麼宅運便會有諸多阻滯，必須儘量避免。

玄關的地板宜平整，地板平整可令宅運暢順，而且也可避免失足摔跤。同時，玄關的地板宜儘量保持水準，不應有高低上下之分。

玄關的地面裝飾

玄關的地面，是住宅地面中使用最多的地方，因此玄關地面的材料要具備耐磨、易清洗的特點。有些人為了美化玄關，把玄關的地板打磨得十分光滑，對進出安全會造成隱患，是不適宜的。

玄關地面的裝修，應根據住宅整體裝修風格而定。用於鋪設玄關地面的材料有玻璃、木地板、石材和地磚等。

如果想讓玄關與客廳有所分別，可以選擇顏色深淺不一的地磚，也可把玄關的地面略為升高，用一個小斜面與客廳相連。

玄關地板顏色

玄關地板的顏色以深色為宜，深色象徵厚重，地面顏色厚重，代表根基深厚，對住宅風水吉利。

如果不想地板顏色過於沉重，可用深色石料在四周包邊，中間部分採用較淺色的石材。

如果在玄關鋪地毯，宜選用四邊顏色較深而中間顏色較淺的地毯。

玄關地板圖案

如今的人們注重居家裝潢，玄關地板的圖案也花樣繁多，但大多都是寓意吉祥的圖案，這是利於風水的。

但也有人為了與眾不同，會選擇一些帶有尖角的、另類的圖案。其實，這是一種錯誤的做法，如果圖案中的尖角對著大門，更是犯了風水大忌，會引起家中不寧，惹來無妄之災。

玄關的牆面色調

玄關若依牆而設，牆體是進入大門的最先落眼點，它的色調將會給人第一印象。清爽的水湖藍、溫情的橙黃、浪漫的粉紫、淡雅的嫩綠……不同的色彩給人不同的心境，也暗示著室內空間的主色調。玄關的牆面顏色，以中性偏暖的色系為宜，可以讓人感受到家的溫馨之感。

假天花板化解玄關橫梁煞

横梁煞屬土，依據五行，木可剋土，因此可用假天花板來遮擋横梁，以剋制其煞氣。但不同坐向的大門，用於遮擋横梁的木天花板顏色也有所不同。

大門向東的，天花板顏色以灰色為宜，大門向東南的，天花板顏色以淺藍色為宜；大門向南，以湖水藍為宜；大門向西南、東北方，以天藍色為宜，大門向西，以杏白色為宜；大門向西北、北，均以灰色為宜。

玄關的間隔

玄關處的間隔或屏風，高度要適中，過高或過低都為不吉，屏風通常以兩米為宜。如果間隔過高，當人進入大門時，會有壓迫之感。如果間隔過低，又達不到它應有的風水作用。

玄關的間隔應下實上虛。面對大門的玄關，下半部宜用木質的實牆作為根基，給人一種扎實穩重之感，上半部則可用磨砂玻璃來裝飾，以通透而不露為宜。最好不用鏡面玻璃，因為鏡子面向大門，會將家裡的財氣反射出去。

玄關的牆壁間隔無論是木板、磚牆或是石材，選用的顏色均不宜太深，顏色深會令玄關顯得沒有活力。最理想的顏色組合是從上至下，由淺及深，也就是位於頂部的天花板顏色最淺，位於底部的地板顏色最深，中間的牆壁顏色則介於牆壁上下的顏色之間。

玄關處的鞋櫃

一般來說，鞋櫃是玄關處最常見的設置，這是因為人們為了保持

房間的清潔。

　　風水上認為成雙的鞋放置在門口是家庭和諧的象徵，因而入門見鞋是件吉利的事。

　　然而鞋櫃終究是難登大雅之堂的傢俱，因此鞋櫃宜藏不宜露。

　　通常情況下，鞋櫃的位置不能直沖大門口，也不能面對著住宅外，一般都是在大門的左右兩旁。根據大門推動具體方向擺放鞋櫃，從左往右開的大門，鞋櫃應該設在左邊，反之則應該在右邊。

　　有些鞋櫃內設計的架子是向下傾斜的，在使用這種鞋櫃時，需要將鞋頭朝上，以取步步高升之意。如果將鞋頭朝下，就意味著家運可能會走下坡路。

鞋櫃的位置

　　在風水學上，鞋只適宜擺放於大門口附近，卻不宜放在屋內其他地方。由於人們穿著鞋上街，沾染金、木、水、火、土五行的氣，通常比較雜亂，所以不適宜把鞋子四處亂放，否則外面「不好的氣」將會隨鞋子進入屋內，影響到居住者的運程。所以為了方便出行時整理儀錶，可以在玄關處設計鞋櫃或衣架，但不要放在正中間。

　　對於大門面向走廊的居家，鞋櫃更可兼作屏風之用，阻擋由大門直沖而進的煞氣。但是玄關處一定要整潔乾淨，不可堆放過多雜物。如果進門地上全是鞋子，讓人無立腳之處，就會影響和阻礙事業運及財運。

鞋放在鞋櫃裡

很多女性為了搭配不同款式的衣服，會購買很多雙鞋子。而且為了搭配的方便，把鞋子放在臥室裡。這樣做是錯誤的，最好把鞋放在鞋櫃裡，使鞋上不好的磁場無法隨便釋放出來。

至於不曾穿過上街的新鞋，或供室內專用的拖鞋，放在家中任何地方都沒有問題，但一定要注意鞋子的擺放也是有風水講究的。

鞋櫃裡的鞋子鞋頭不要向下擺放，因為鞋尖對人易形成火煞，所以鞋頭最好向櫃內放。否則，每次打開鞋櫃取鞋的時候，鞋尖對著自己，久而久之，會對人的健康有所損害。

有些鞋櫃內設計的架子是向下傾斜的，在使用這種鞋櫃時，需要將鞋頭朝上，以取步步高升之意。如果將鞋頭朝下，就意味著家運可能會走下坡路。

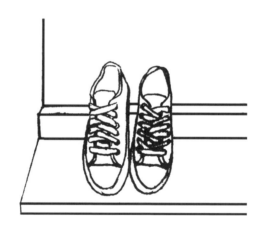

確定鞋櫃大小

鞋櫃的面積宜小不宜大，高度宜矮不宜高。高度最多不能超過五層，每層的寬度最好放下五雙鞋。

　　從風水角度來説，鞋櫃以五層高為最佳，這代表五行並存。少於五層也可以，但不能超過五層。因為鞋屬土，應該腳踏實地，如果把鞋放在高處，穿鞋者走路時容易扭傷、跌倒。另外，鞋子代表根基，根基不穩則事業難發展壯大。同理，每層鞋櫃最好擺五雙鞋，以達到五行平衡的效果。

鞋櫃的方向

　　一家之主若從事文職工作，宜把鞋櫃放置於東南方，這是家中的文職位；靠體力勞動謀生的主人，則宜放於武職位，即西北面。不管是什麼年，這樣的方位都不用動，有助於家人的事業發展。

鞋櫃必須有門

　　鞋櫃最好採用有門的鞋櫃，因為鞋子外露無遮護，首先會看起來不雅觀。其次，鞋子會散發出臭味，如果一進門便異味撲鼻，絕對是不吉的。如果鞋櫃被推開的門所隱藏，則沒什麼問題，只要自己不會覺得不方便就行。

玄關處安裝鏡子

　　如果玄關處有衣架，安裝鏡子則方便出門時整理儀表，也可令玄關看起來更加寬闊明亮。但是在沒有犯煞的情況下，鏡子絕對不能正對著大門，因為鏡子有反射作用，會把從大門流入的旺氣及財氣反射出去。

玄關處設神位

為了維護住宅的好風水，人們常常在玄關處設置神位，一般來說，玄關處的神位主要為地主神和財神兩種。

1. 地主神

地主神是居家常供奉的神祇，祂是住宅的守護神，能將鬼怪拒之門外，還能吸四方財氣，增強財運。但地主神必須供奉在玄關處，並面對大門。可現代居家在門口出現神龕可能與裝修風格不合，因而可以將地主神的神龕放置在能接觸到地的櫃子中。

地主神是常年與地相伴的，即使與鞋相伴也不會有大的問題。擺放地主神的櫃子可與鞋櫃相連，或直接當作鞋櫃，外部的色彩可配合居家裝修，但擺放地主神的內部需要漆成紅色並點上金色的燈。

2. 財神

在玄關處供奉財神要十分講究。財神分文財神和武財神兩種，各有不同的供奉方式。

武財神為武聖關公及伏虎元帥趙公明，祂們均有擋煞的作用，因而應對著門供奉。文財神包括福祿壽三星及財帛星君等，可以引財卻不能化煞，因而不適合對著門供奉，否則可能導致錢財外洩。如果要在玄關處供奉文財神，可以將其面對宅內，以引財入室。但不能讓文財神對著魚缸、廁所等屬水的地方，可能會導致見財化水的事發生。

屏風的風水作用

如果大門的位置開得不好，就需要安放屏風。屏風對內可以達到改變門位、分隔空間、保護隱私等多重功用；對外又可以化解煞氣，如穿心煞、樓梯退財、電梯吸氣等不吉狀況。

屏風的形狀，通常以傳統樣式為主，不宜選擇奇形怪狀的屏風，

「有形必有煞」，不要適得其反。

利用植物美化玄關

　　擺放植物也是美化玄關的重要方式，配有照明的大型植物或者蘭花盆栽組合，都非常適宜。在品種上，以四季常綠的植物為主，如鐵樹、賞葉榕等。如果玄關光線不足，穿堂風，溫度較低、過於狹窄等情況，則適宜擺放普通的開花植物。

　　另外，玄關要保持整潔，不宜堆放過多雜物，使其顯得雜亂無章。

玄關適合擺放的動物飾品

　　由於玄關是住宅風水的重要位置，所以在擺放飾品時一定要講究風水。古人多在門口擺放獅子、麒麟等威猛而有靈性的猛獸作為住宅的守護神，現代人則喜歡在玄關處擺放招財貓、可愛豬、大臉熊等可愛的小動物。但是在擺放動物飾品時，應注意不能與戶主的生肖相沖，引免入門犯沖。

　　具體如下：屬鼠忌馬，屬馬忌鼠；屬牛忌羊，屬羊忌牛；屬虎忌猴，屬猴忌虎；屬兔忌雞，屬雞忌兔；屬龍忌狗，屬狗忌龍，屬蛇忌豬，屬豬忌蛇。

玄關適合擺放的植物

　　在玄關擺放植物，不僅會給家庭訪客一個好印象，而且可以綠化室內環境，增加生氣，令吉者更吉，凶者反凶為吉。擺在玄關的植物，

宜以賞葉的常綠植物為主，例如鐵樹、發財樹、黃金葛及賞葉榕等，如果玄關空間大，則適合大型植物加照明、有型的樹木及盛開的蘭花盆栽組合。而有刺的植物如仙人掌類及玫瑰、杜鵑等不宜放在玄關處。

如果玄關光線不佳、夜晚溫度降低、走道狹窄、空間小，則適宜擺放普通的開花植物。另外，玄關與客廳之間可以擺放同種類的植物，以便於連接這兩個空間。

不管是什麼植物，必須保持常青，如果葉子出現枯黃，要儘快處理。

玄關下有排水管

在鋪設地下排水管時，不要讓排水管跨過大門和玄關，也就是說玄關下可以鋪排水管，但不能連到大門。大門和玄關是人們從外界進入私人空間的地方，水管在此會使水流內外交流時受污，不僅有害家人健康，還會導致財路不順。

第三章

窗戶

窗戶的風水意義

　　窗戶在普遍意義上來説。是使室內空氣流通，保證居住者身體健康的。但是從風水意義上來説，窗戶與大門一樣，是住宅吸納旺氣的入口，住宅透過窗戶實現與外界的氣的交換。現在的大門前很少有寬闊的明堂，因此窗戶就成了與大自然交流的重要通道，在住宅風水中意義重大。

窗戶方位

　　在風水中，窗戶是吸納外界靈氣的地方，因此窗戶所在的方位，影響著吸納靈氣的屬性。

　　按五行來看，東窗行木運，南窗行火運，西窗行金運，北窗行水運。如果窗都開在東方，則吸收的木氣多，窗都開在北方則吸收的水氣多。如果丈夫缺火，妻子缺金，則應在南方和西方開窗。如果孩子木過多，則不能開東窗。

　　窗戶的設計不僅決定氣的流通，還要能調節住宅的陰陽。首先，窗戶最好能向外或向內打開，不宜向上或向下斜開，其中向外開的窗戶最佳，可使大量的氣進入室內，且開窗時可使室內濁氣外流，使住宅陽氣增加，加強居住者的氣和事業機會。

　　另外，東、南兩方對光線的需求較大。因此，住宅中朝東、朝南兩個方向的窗戶應儘量比其他兩個朝向的窗戶大。但是，也要避免窗戶及閘，或者窗戶之間直線相對。

　　最後，應當在每一扇窗戶都設置窗簾，厚薄要適宜。如果窗簾太薄，無法遮住光線，則失去了調節陰陽的功能。

用窗戶提升運勢

　　窗戶是住宅的納氣之口，可以吸納外界的吉祥之氣，使居住者保持身心的舒泰，令其安居樂業、財運平順。

1. 常常開窗透氣

　　房間的窗戶要經常打開，保持氣流的通暢。如果窗戶正對著環繞的河流，更是上佳的風水之相，可以使居住者的名利及財運都得到提升。

2. 經常擦洗窗戶

　　窗戶是房間主要的光線來源，如果窗戶污濁，可能導致光線不能順暢地照入房間，更無法利用陽光對室內進行消毒。

　　在風水上，窗戶代表的是眼睛，窗戶是否乾淨，代表著眼睛是否乾淨。中醫上認為眼球屬火，眼白屬木，在身體上，心臟屬火，肝臟屬木，所以眼睛的健康與否與心臟和肝臟的健康狀況是有關係的。因而窗戶的乾淨與否，不僅關係著眼睛，還關係到心臟和肝臟。應經常保持窗戶的乾淨，這是利於身體健康的方式。

3. 擺放開運物品

　　窗戶是房屋與外界進行交流的一個通道，窗戶上放的物品，關係著房屋的風水。將適合的風水物品放置在窗戶上，能達到開運或化煞的作用。因而在擺放物品的時候要謹慎，因為它們可能會對風水產生生剋作用，或帶來自己不需要的東西。在窗臺上可以擺一條金龍，並將龍頭向外，也可進一步增加運勢。

　　要注意的是，窗戶上不能堆放雜物，以免它們的雜氣和困氣會被窗戶上的氣流吹入屋內，進而對房屋的風水產生不利影響。

設置住宅窗戶的忌諱

在設立一個住宅的窗戶時有著許多的風水講究，一不小心就可能犯了風水的禁忌，為自己帶來凶運。

1. 兩窗相對

俗話説：「前後相通，人財兩空。」兩扇窗戶相對是最大的忌諱，容易使住宅內生氣流失，對身心及財運不利。

2. 高度適宜

窗戶的高度要適宜，下邊要高於腰身，上邊不能低於身高。

3. 大小適中

窗戶大小要適中，太小顯得暗淡無光，影響室內採光，使人精神壓抑；太大則陽氣過於強烈，氣流難以聚集，不利於財運。

4. 數量適宜

窗戶的數量要適宜。太少，住宅內氣流不暢，氣場緩慢或者不通，使人感到憋悶；太多，則住宅內氣場容易外洩，導致家庭不和，事業不穩。如果已經開了過多的窗戶，應用窗簾進行遮擋，或是選擇關閉或封閉凶方的窗戶。

窗戶相對

現代社區樓房之間的距離都不是很大，經常出現住宅之間窗戶相對的情況，但是住宅客廳的窗戶不宜與隔壁客廳的窗戶相對，否則雙方的住宅旺氣會出現交流的情況，對雙方的家運都會形成不吉。如果住宅之間的窗戶距離在十米以外，就沒有影響了。

門與窗戶

　　門與窗的關係就好像父母與子女的關係，門就像父母的口，窗則是子女的口，所以門必須比窗戶顯眼，否則子女將會有反叛性。而門與窗的數量，也會關係到家庭的和諧與否。如果一個窗戶已夠用，那麼三個窗戶一定會導致家庭因爭吵而不和。窗戶過多，意即子女之間互相批評與爭吵，甚至與父母爭吵。

　　窗子太大，也會發生因子女不聽父母話而導致的家庭不安。所以，將大窗戶分成細格或裝單塊玻璃則為吉。

客廳窗戶

　　客廳的窗戶最適宜向東開，而不宜向北和向南開。因為東方陽氣充沛，風水上稱為紫氣東來。而北方在風水五行上，屬於陰水，向北開窗陰煞易入，對家人健康不利。如果向南的窗外是寬敞的空地則無礙，如果看到屋角、天線、枯樹、廢棄物、尖石等，會導致居住者患眼疾。

客廳的窗對著廚衛的窗

　　客廳是家人聚會接待客人的地方，在風水學上被劃分為純陽之氣的聚集地。而廚房屬於燥火之地，廁所是藏污聚陰之地，屬於陰氣。客廳窗戶對著廚衛的窗戶，陰陽氣相通，住宅主人的運勢不平穩，運氣時好時壞。

臥室窗戶

朝東或朝西的房間，早上或下午猛烈的陽光會導致臥室內光線過強，刺激神經系統影響休息，導致失眠，更使人變得不冷靜、衝動易怒。從風水學角度來說，朝東或朝西的房間中容易因「光煞」而導致「血光之災」。因此，最好選擇朝北或朝南的房間為臥室。如果已經住在朝東或朝西的房間，那麼就需要在適當的時候拉好窗簾。

窗戶的數目

一所住宅裡，如果窗戶過大或太多，雖然空氣易於流通，但是不利風水。這樣會產生強的氣流，旺氣透窗而出，引起屋內的氣流浮動，家人容易產生緊張、煩躁等情緒，對健康不利，並有損財運。所以應避免在同一排有三個或三個以上的門或窗。

如果窗戶太少或太小，氣鬱積其中，居住者易患內臟上的疾病；加上長時間的光線不足，還會使居住者精神委靡不振、氣度狹小。

窗戶過多或太大

如果窗戶過多，可以懸掛百葉窗或窗簾來改善風水。從風水意義上來說，百葉窗比普通窗戶更易於吸納外氣。而大型落地窗則要安裝布料厚且顏色重的窗簾，以防夏天熱氣大量湧入和冬天熱量迅速散失。

窗戶設計

　　窗戶的設計決定著氣的流通。窗戶最好能完全打開，向外開或向內開，不宜向上或向下斜開。向外開的窗戶最佳，它可加強居住者的氣和事業機會，因為可使大量的氣進入室內，且開窗時可使室內濁氣外流。反之，向內開的窗戶，對氣和事業都不好。當窗戶打開時最好沒有任何阻礙物妨害氣的流通。

光線

　　平安健康的住宅，必須要求門窗大小適宜，才能使室內空氣流通緩慢均勻，光線充足。

　　如果住宅的四周封閉無窗、空氣不流通、光線幽暗、室內潮濕的，即使方位再好，居住者也難長久地平安健康。

不住人的房間窗戶

　　不管房間裡是否住人，房間的門窗都應該經常打開透透氣，使空氣流動，房間內的空氣更加清新，也就是「流水不腐，戶樞不蠹」的意思。

　　即使是不經常住人的房間，由於也在住宅裡面，也會對住宅裡的其他房間造成影響，所以要經常開窗通風。

窗戶對生育的影響

　　住宅窗戶的方向和大小並不會對生育造成直接的影響，主要是不

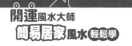

能讓冷風從窗戶進來，直沖臥床。

　　如果住宅的窗戶與床高度一致，從視窗進來的冷風經常吹到人體，則易造成久婚不孕或產後失調等症狀。

利用窗戶提升運勢

　　住宅的窗前如果視野開闊，沒有什麼大的建築物，無遮無擋，正對著開闊的大路或有河流環繞，這樣能提高家人的運勢，使家人名利雙收、對家人晉升也有好處，還可在窗臺上放一條金色的龍，龍頭向外，能進一步提升運勢。

窗戶對著前面兩樓的縫隙

　　如果住宅的窗戶正對前方兩樓之間的空隙，主住宅容易招致血光之災。化解的方法是可以在視窗懸掛一面小的凸鏡，或是用窗簾遮擋，同時減少開窗的次數。　如果住宅所在樓是高層，而前方的空隙在低小處，則不受影響。

窗戶對著反弓路

　　視窗對著反弓形的大路或水流，就有如被人用鐮刀橫割，形成「鐮刀煞」，除了影響財運外，還會導致家人感情破裂。化煞的方法就是在這個位置放一隻貔貅，以達到辟邪、擋煞、旺財的作用。

窗戶對著尖角物體

　　尖角的物體有如刀劍，如果窗戶對著尖角形狀的物體，容易引來

血光之災。如果窗戶上有玻璃的反光照射或窗外有燈柱或電塔，則對居住者健康不利，或引起火災。化解的方法是在窗外掛一把小劍，對著犯煞方向。

門與窗的向位

生活在高樓林立的城市裡，一般都不會有寬敞的明堂，鄰里之間的門窗不可避免地有相對現象，要不開窗就是車水馬龍。如果門對門，就要經常關門而開窗納氣。如果窗對窗，就要關窗開門納氣。

窗外視野開闊是好，但最好的是窗戶對著緩慢的車流或有河流環繞，不過，不能有噪音。車流和水流象徵著名望的提升和財源滾滾來。在視野開闊的窗戶的窗臺上放一條金色的龍，龍頭向外伸出，也可以增加旺勢。

窗戶對著山峰

如果住宅的窗戶正對著山，開窗就能看到山峰，主家人可能招致官災是非、車禍、家庭人員傷亡等，必須找辦法化煞。

化解的方法是在窗外掛一面鏡子，把煞氣反射回去。

窗戶對著醫院

如果窗戶對著醫院、殯儀館、墳場、廟宇、警署、監獄、屠場、色情場所等，對居住者的財運、事業、健康、情緒都不利。

化解的方法很簡單，找一個生長成熟的葫蘆，掛在窗外，一定要打開葫蘆蓋，以收怨煞及污穢之氣。

窗前見吉

風水學上把屋子額前方叫明堂，所以站在窗戶前向外看時能看到明堂一樣的世界就是吉利的。例如窗前有水池、公園、球場、湖泊、海水等。要是窗前空曠，家人穩定平安，要是有水就是最吉利的，能帶來財運。

窗戶上的雨棚

如果居住的房子有院，一般都會在窗戶上做遮雨棚，避免雨水進到室內。風水學中常講「有形即有煞」，所以雨棚也不能隨意安裝，除了達到避雨的效果，還要在形狀上做出正確的選擇。雨棚的垂簷最好是直板稍向下傾斜狀，如果要垂簷，就儘量選擇弧形的，避免尖狀。尖狀謂箭形，對居住者身體不利。

落地窗

現代住宅的客廳中，落地窗的設置使得客廳更為寬敞明亮，同時它還拓寬了客廳的視野，而此落地窗普遍受到人們的喜愛。但在風水學中，落地窗並不符合風水之道。風水學解釋為：落地窗四面虛空，容易給人不安全感，因而犯了膝下虛空的大忌。在風水中，這種格局容易招致錢財外洩、人丁單薄。

因此，在設置客廳的窗戶時，既要達到寬敞明亮、拓寬視野的目的，又要避免錢財外洩、人丁單薄的格局，人們應選擇將靠地的三分之一空間用實牆，之上的三分之二空間用玻璃幕牆。針對建築開發商設置好的落地玻璃幕牆，人們可以用一排矮櫃來代替實牆。矮櫃既可以增加儲物空間，又消除了看到膝下虛空的恐懼感。如果櫃子太短，

可以利用植物擺放在櫃子兩邊，既美觀又實用。

窗簾擋煞

　　風水學上，窗外如果有尖角的建築物會產生煞氣，最簡單的化煞辦法就是掛上窗簾。例如向上拉的羅馬簾，能擋住北面屬「水」的煞氣，鋁質百葉窗能夠擋住東及東南的「木」煞，水波簾可以擋南方的「火」煞氣。西北的「金」煞可用人造纖維簾，木百葉窗用來擋東北及西南的「土」煞。

窗簾佈置也需講究

　　東邊的窗戶，要選擇有柔和質感的百葉窗和垂直簾，可以透過淡雅的色調調和耀眼的光線，東南方向的窗戶則要選擇鋁質的百葉窗，南邊的窗戶要選擇水波簾。能擋住南方的火煞，有利於主人的工作和子女的學業，西邊的窗戶要選擇人造纖維窗簾，北邊的窗戶適合用向上拉的羅馬簾，能擋住北面的水煞。

有光反射進來

　　如果窗戶正對著玻璃幕牆的大廈，家中必然會有陽光等反射進來，使人情緒不安，這是「光煞」。可以設上埋紗窗簾，有陽光反射的時候拉上。這樣能擋住光煞。

　　如果有來自東北和西南面屬「土」的煞氣，可用屬「木」的木質百葉窗擋煞。若覺得木窗簾太貴、太重，可用同樣是植物做的紙或布窗簾取代，有相同的擋煞作用。

窗外陽臺鐵欄杆過密

現代住宅為安全起見，底層的住戶大多會在窗戶外面設置鐵護欄，但要注意的是，鐵欄杆不能過於密集，一則影響視覺效果，二則鐵窗過密會形成牢籠狀，導致氣流不暢，會使自家的運氣受阻。

神桌背後開窗

風水上認為，神桌背後靠不透光的堅固牆壁才能發揮財神旺財的作用，並有貴人相助，家運平穩順利；如果神桌背後開窗，最好的化解方法是把神桌重新安置一個位置，或者把窗戶用磚封實，重新粉刷牆面。

第四章

走廊

走廊的風水因素

走廊是連接各個房間的通道，影響著住宅內氣流的通行，因而風水中將它視為房屋的脈絡，關係著居住者個人的運勢。因此應隨時保持走廊的清潔和整潔，如果走廊的朝向能與宅主的命卦相配，則更為理想。

1. 格局

走廊要設置合理，太大太小皆不宜，既要保護每個房間的私密性，也不能浪費面積。好的走廊寬度應該在一米三以上，長度也不宜超過房子長度的三分之二，應該有欄杆，有屋頂，並有數根支柱支持。

此外，家用住宅設計走廊時不應讓一條長長的走廊連接多個房間，也要避免回字形走廊，更要避免讓廁所設置在走廊的盡頭，這會致使廁所的穢氣順利通往別的房間。

2. 燈光

走廊是社會地位和信用的象徵，如果太過暗淡，自然會降低宅主的社會地位和信用，因而適合保持光亮。保持光亮的方法首先是最好有陽光的照射，如果沒有就應安裝電燈，並儘量多地點亮，二十四小時長明是增強運氣的好辦法。燈光宜選用白色和黃色等淺色，燈光的排列應整體，置一到兩盞燈為宜。走廊燈壞了應儘快維修好，以免損壞宅主運氣。

3. 走廊佈置

走廊因為跨度大，通常會在中間出現橫梁。橫梁容易給人壓抑的感覺，走在它的下面不利家運。此時用假天花板可以化解橫梁給人的壓迫感，進而減少家運中的阻力。

許多人家為了在有限的空間製造更多的儲物空間，就將走廊的頂部做成櫃子堆放雜物。只要給走廊留足夠的高度，不給人壓迫感，就

不會對風水不利。櫃內宜放衣物、棉被等輕便的物品，不宜利器、重物，以免給人造成心理壓力。

　　走廊上通常會鋪設地毯，但在混凝土上，卻是不適合鋪設地毯的。可以在走廊上鋪設板材，以代替地毯。如果一定需要地毯，就應該在走廊上先鋪上板材，在板材上再鋪上地毯。

　　此外，為更好地避免客廳對臥室的影響，分隔動靜兩個空間，人們可給客廳走廊安裝房門。

走廊設計

　　居室中的走廊只是一個小的通道，一般在兩側有房間、面臨庭院、通到廁所和浴室設計走廊。走廊不宜設計得太長，太長占地面積增大，自然會影響到經濟。走廊的寬度不能太窄，否則會影響家庭主婦的氣量，容易引起夫妻間的爭執。

走廊保持明亮

　　如果住宅的走廊太陰暗，會給過往的人帶來諸多不便，這樣也不利於家人的工作運。

　　家中的走廊要保持明亮，沒有自然光時可在頂上或者地面裝設一燈飾，不僅方便生活，還能帶來好運氣。

走廊的燈光

　　住宅走廊上的燈光要簡單，不能安裝五顏六色的燈管，走廊本來就不寬敞，加上色彩太複雜很容易給家人造成不安，情緒波動大。走廊燈光的顏色過多過雜不利於家人的健康，還會降低家人的運勢。

走廊需要假天花板

　　客廳的小走廊內要是有橫梁出現，可以做一假天花板來遮上，橫梁露在外面，會給家人帶來橫梁壓頂的感覺，增加壓力，在工作上會出現阻力。如果走廊上沒有橫梁，則可以不做。

走廊天花櫃儲藏物品

　　為了節省空間，很多住宅在走廊上設置天花櫃，用來儲藏物品。風水學上認為擺放衣物、棉被等對風水不造成大的影響。但是在走廊的天花櫃中絕對不可以擺放刀劍等利器，避免造成不必要的傷害。

走廊需要安裝門

　　一般客廳通往臥室有一條走廊。如果客廳較小，就不宜在走道上安門，以免讓客廳顯得更加狹窄。如果客廳窗戶少，也不宜安門。如果客廳比較寬敞，就需要在客廳通往廁所和臥室的走廊上安個門。這個門的材質宜上虛下實，上面用玻璃，下面用實木。一方面可以保護隱私，另一方面又有通透感。

廁所設在走廊上

　　有的居室有著較長的走廊，為了節省空間，有時會把廁所設在走廊的盡頭。

　　風水上認為廁所設在走廊的盡頭是大凶之象，會對家人的健康產生不利的影響。廁所只適合設在走廊的邊上。

走廊裡掛鏡子

　　有些住宅有很長的走廊。風水學上認為，家中走廊較長時，可在走廊兩側交錯掛上兩面平面鏡，這樣不僅能讓走廊在視覺上得到擴展，還能讓家中的氣脈暢通，給家人的健康和運勢都帶來有利的影響。

第五章

陽臺

陽臺的風水意義

陽臺是住宅最空曠且與大自然最接近的地方，傳統風水學認為，陽臺飽吸宅外的陽光、雨露和空氣，是住宅的納氣之處。因此，對整座住宅的風水來說，陽臺具有相當重要的作用。

陽臺朝向

因為陽臺能夠吸收外界的陽光、空氣等，因此它作為住宅的納氣之處，對整個住宅的風水有著非常重要的作用。

如果陽臺朝向西方，太陽西曬的熱氣會影響到家人的健康，而朝北的陽臺在冬季又會成為寒風的人口，不僅影響情緒，更容易導致疾病。

在風水學中，朝東方或南方的陽臺對提高家運更有幫助。自古以來就有「紫氣東來」一說，陽臺朝向東方，可以吸納陽光帶來的吉祥之氣，再由此傳人整個住宅，不僅使得室內陽光明媚，也能使家人精神飽滿。朝向南方的陽臺在風水上也是非常好的，此方位不僅光照度足夠，而且時常會有暖風由此進入住宅，可以使家中的氣流活絡，提高整體運勢。

陽臺方位

陽臺的方位好、視野寬闊、採光通風好，使住宅與自然達到最大限度的協調，才會令人有舒適安逸之感。所以，陽臺的方位很重要，一般以朝向東方和南方為佳。

古人常說「紫氣東來」，所謂「紫氣」就是祥瑞之氣。祥瑞之氣

經過陽臺進入住宅之內，一家人必定吉祥平安。

　　另外，太陽從東方升起，使全家人從早上都精神振奮，預示著一整天的好心情。反之，如果朝向西方，陽臺到下午才能見到陽光，晚上入睡時，熱氣也不能消散，對全家人健康不利。

　　至於陽臺朝向南方，有道是「熏風南來多醉人」。「熏風」當然是暖和溫柔的風，人在這樣的環境裡，怎麼能不好運當頭呢？而陽臺朝向北方，當然就是寒氣入室了，如果取暖設備不足，極易使人生病。

陽臺對著大門

　　如果陽臺與大門的位置正好處於一條線上，這就是風水上的「穿心」格局，進而使陽臺無法達到藏風聚氣的目的，對事業和財運都會產生影響。同時，這樣的格局也很容易暴露家庭的隱私。

　　如果住宅的陽臺和大門正好相對，可以利用玄關、屏風、綠色盆栽等加以隔阻，或是將陽臺的窗簾拉上，都可以減小影響。

陽臺對著廚房

　　陽臺正對廚房，也是風水上的一種「穿心」格局，容易影響到家庭成員的團聚。為了化解穿心煞帶來的影響，可在陽臺上擺放一些盆栽，或是用種有爬藤植物的花架進行隔阻。

　　另外，儘量拉上陽臺的窗簾，或是在不影響活動的前提下，在廚房和陽臺之間走動的路線上任一位置擺放櫃子或屏風，都可以化解穿心煞。

陽臺擺石龜

　　陽臺面對屬火的凶煞例如大型的煙囪、紅色的高樓或油庫等建築物時，可以在陽臺上擺放石龜來化解，石龜以柔剋剛，化煞效果很好，這些凶煞位於住宅的南方，還需在兩隻頭部相對的石龜中間放置一瓶清水。

陽臺植物

　　如果從陽臺往外看，有不吉利的環境，可以種些植物來化煞。

　　一般帶刺的植物都具有化煞的作用。例如仙人掌，肥厚多肉，滿身尖尖的小刺。如果用它來當居家守護神，則需選擇植株比較高大的仙人掌。最漂亮的化煞植物當屬玫瑰和月季，還有形如其名的龍骨和玉麒麟，都是化煞鎮宅的優選。另外，如果想有新意，就選擇種葫蘆。陽臺上除了種植化煞的植物，還適合很多植物生長，以旺宅。這些植物大多枝幹粗壯，葉片肥厚，而且常年蒼翠、生命力旺盛。常見的有萬年青、鐵樹、君子蘭、棕竹、發財樹、搖錢樹等。

　　其中，萬年青的枝幹粗壯，葉片肥厚。它的大葉片，像一片片伸出的手掌，接納陽臺外的福氣，對居家風水有強大的生旺作用。

　　鐵樹的葉子狹長，中央有黃斑，有堅強之意。鐵樹可以加強住宅的氣血，生旺風水。

　　如果在陽臺上只種一種植物，那麼隨便怎麼放都行。但是如果種了多盆植株，那你會怎麼擺放呢？植物的擺放也有陰陽之說，所以陽臺的植物盆栽要左高右低。如果右高左低，則陰陽失調，可能出現女主人霸道，小孩叛逆，公司下屬不聽指揮。另外，要將喜陽的植物放在前面，喜陰的植物擺在後面，採光各得其所。不過，陽光是納氣的通道，不是花園，不能讓植物把光線都遮擋住。

　　除此之外，還要注意一點，那就是並不是所有的陽臺都適合種花草，所以，喜歡草花的人在選擇房地產時，最好不要選擇陽臺在東北

方和西南方的房子。

　　這兩個方位的植物會給居住者的腸胃與運程帶來不良影響，東北方陽臺的植物會影響孩子的學業，而西南方種植物，還會影響女主人的運程。

陽臺上放洗衣機

　　由於現代住宅空間有限，不少家庭選擇將洗衣機放在陽臺上使用，如果放置的方位不對，其實是會對家運造成影響的。如果將洗衣機放在陽臺的正西方，是非意外和各種疾病就會很容易找上門來，如果放在陽臺的東北方，家庭成員的腸胃健康和小孩的學業都會受到影響。另外，如果要將洗衣機放在陽臺使用，排水口的位置也非常關鍵。為了防止漏財，正東、東南以及西南三個方位不能作為排水口使用，最好設置在東北、正西等凶位上。

陽臺上擺神位

　　有些人家為了避免供神用的香燭令屋內滯留大量的煙霧，就將神台放到陽臺。但風水學認為，在陽臺上擺放神台並不合適。儘管如天官等神祇因需要也時常放置在陽臺上，以吸納外界的生氣。

　　但陽臺通常空曠而少有遮攔，容易受天氣的變化而影響氣流的流動。如果神台長期處於風吹日曬雨打中，容易對神祇的作用打折扣。再有，陽臺的風容易將香灰吹得四處飛散；曬在陽臺上的衣物，容易遮擋神台，以致藝瀆神祇。

　　一定要在陽臺上擺放神台的話，應該將神台放置在能夠遮風避雨背陽的地方，避免將衣物懸掛在神台的前方遮擋神台，如此方能使神祇發揮有效作用。

陽臺上的排水口

不要小看一個小小的排水口，如果位置安排不當，也會給家庭造成不利的影響，風水學上認為，陽臺的排水口不能在正東、東南的財位上，漏水的同時也會漏財，顯然不利。排水口開在正西、東北的凶位上會對居家有利。

陽臺完全封閉

商品房的每層住房都有陽臺，有的陽臺連著臥室，有的陽臺連著客廳，還有的連著廚房。為了安全等因素，有的家庭用玻璃將陽臺完全封閉，這樣不僅增加了住宅的面積，還可以防風擋塵，但是，這樣做不利於住宅的風水。

由於受現代住宅格局的限制，陽臺成為多數住宅重要的通風口，不僅是住宅採光的重要來源，更是住宅的氣口。如果將陽臺完全封閉，不僅旺氣無法進入住宅內，室內的各種污穢之氣也無法排解到屋外，是非常不利於家運的格局。

從健康角度來說，陽光中可以減少室內病菌的密度，使氧氣充足，空氣清新，而封閉陽臺則減少了室內陽光的照射，不僅容易造成病菌的氾濫，還可能會造成嬰幼兒生長發育不良。

從風水角度來說，陽臺作為納氣之門，封閉後通風作用降低，室內和室外空氣不易形成對流，使室內多污濁之氣，甚至會加重陰氣，導致陰陽失衡。因此，在改造陽臺時應該留下通風的視窗，不宜全部封閉。

陽臺上堆放雜物

風水學說不能在陽臺堆放太多雜物，是有原因的。作為住宅與外界的通道之一，陽臺也是重要的納氣通道，所以必須要保持整潔乾淨和氣流通暢。有的家庭喜歡將雜物堆放在陽臺上，這樣不僅會對住宅空間的美觀度和舒適度造成影響，還會破壞家人的整體運程，導致人際關係緊張等問題。因此，如果必須將陽臺作為儲物空間，則需經常進行打掃和整理，保持陽臺的清潔和開闊明亮。

鏤空式的陽臺

有些高級社區，設計鏤空式的陽臺，不僅使建築富含歐陸風情，還有利於住宅的通風採光。但是，這種鏤空的陽臺犯了風水學上「膝下虛空」的大忌，其他人從住宅外望向陽臺時，可以輕易地看到住宅之內的人的膝部以下，這樣會影響到住宅的隱私，進而影響到人的心理健康。

因此，陽臺在造型上最好採用下實上虛的設計：下面 1/3 是實牆，上面的 2/3 是玻璃窗，並且要經常開啟，以利於通風採光。

陽臺上掛風鈴

有些家庭為了美觀，喜歡在陽臺上懸掛風鈴，有風吹過，還會帶來悅耳的聲音。

風水學認為，風鈴是常用的化煞或擋煞的物品，其所產生的聲音能夠震動空氣，進而帶動屋內的磁場化解煞氣。

在使用風鈴時，對其材質和方位都有講究，如果選錯種類或是掛錯位置，就會達到反作用，形成聲煞。因此，在無法確定的情況下，不宜隨意在陽臺懸掛風鈴，以免造成對家人的不利影響，特別是對居室的女主人而言，隨便掛風鈴有可能惹來生理上的疾病，所以，在陽臺上掛風鈴是不可取的。

把客廳與陽臺打通

風水學中是不贊成把陽臺與臥室打通的。但在現代居家生活中，人們為了增加房間面積，也為了使客廳更寬敞明亮，可以把陽臺打通連起來。只是在設計過程中，必須考慮周全，使其既安全又順應風水之道。

第一，承重原則。改造時不要使用太重的裝潢材料，改造好以後也不要放大衣櫃、沙發和假山等。

第二，巧妙地將橫梁隱蔽起來。改造之後，陽臺和客廳之間的橫梁對風水不利，一定要處理得既美觀又沒有壓迫感。可以做假天花板，並在天花板上設置燈光效果。

第三，外牆不要犯風水學上的「膝下虛空」之忌。外牆不要使用落地玻璃，那樣，人站在室內看外景時會毫無遮蔽。如果已經做好了落地玻璃，可以在玻璃牆前放置組合櫃作為矮牆的替代品。

陽臺的天斬煞

所謂天斬煞是指兩幢高樓之間的一條狹窄空隙，就像一幢高樓被刀從半空斬成兩半，故此稱為天斬煞。如果陽臺正對著天斬煞，會導致住宅財運受損，甚至有血光之災。化解的辦法：將一對銅龜面對面地放在陽臺上。

陽臺面對街道

從陽臺往外望，如果前面有街道直沖，就形成了猛虎迎面的格局，這是大凶象，家中會經常破財。

副作用的大小與視路的長短和車輛的多少成正比。如果直沖的路短，車少，而禍少；反之，路愈長，車越多，則為大凶。化解的方法：在陽臺的兩旁擺放凸鏡對著路。

陽臺面對光煞

有些時尚風格的住宅和辦公樓，為了增加室內空間和採光納風，將窗戶設計成大型凸窗，外牆形成很多尖角，形似一排尖銳的鋸齒，其反光力度非常大，破壞了對面住宅的風水。

因為長期面對著這類鋸齒形的建築物，受到強光照射，就會形成光煞。化解的方法：經常將陽臺上的窗簾拉上，或者在陽臺的兩側擺放凸鏡。

陽臺外的火形煞

當陽臺外出現了「火形煞」，就是指陽臺正對著其他樓房的牆角、亭子或是煙囪等尖銳物體，容易引起家庭成員發生急性疾病，健康會受到非常大的影響。在這樣的情況下，要想化解沖煞，可以在陽臺上擺放銅貔貅，也可以懸掛銅錢，將煞氣向四方擴散。

陽臺化解困局

　　什麼是困局？就是當你站在陽臺上，發現住宅四周都是高樓的包圍，這就形成了風水上的所謂的困局。居住在這樣格局的住宅中，事業和學業都會受到影響，無法取得好的成績。

　　此時，可以在陽臺上擺放石鷹一隻，鷹頭向外，雙翅必須是振翅高飛的造型，這樣就可以扭轉低迷的形勢。但是需要注意的是，如果家中有屬雞的成員，則不宜擺放石鷹，避免兩者相沖。

氣壓帶來煞氣

　　住在都市中，一般免不了住宅的周圍高樓林立。如果樓層低，陽臺對面的樓離得又很近，就會帶來龐大的強勢氣壓，影響風水。距離近的標準，是看此距離是否小於陽臺高度與對面樓頂的落差。距離近時，強大的氣壓會給人帶來很大的壓力，造成精神緊張、失眠等症狀。這種情況下，可以在陽臺上加一個屏風來化解。

受陰氣侵襲的陽臺

　　如果陽臺對著陰氣較重的建築物，如廟宇、道觀、醫院、殯儀館、墳場，以及大片陰森叢林、形狀醜惡的山崗等，住宅就會受到陰氣的不斷侵襲，影響家人健康和財運。因此，必須在陽臺放置至少一尊麒麟、貔貅、祥龍、石獅等瑞獸，利用它們威武的本性，驅趕不良煞氣。

陽臺提高孩子學習成績

　　陽臺是住宅中日光照射最充足的地方，非常適合用來種植植物。如果家中有正在念書的小孩，而陽臺又正好位於住宅的東南方，則不妨多種一些枝幹粗壯、葉面寬大的植物。因為在風水中東南方屬於文

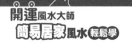

昌位，而文昌喜木，在這個方位的陽臺上種植綠色植物可以達到催旺的功效，對家中子女的學業會有一定的幫助。

陽臺促和諧

令人舒服的陽臺，有利於增進家庭成員之間的關係。因此，首選要保持陽臺的整潔，尤其是客廳與陽臺相通時，可以在陽臺擺放一些芳香劑，不僅可以祛除異味，舒適的味道也可以營造出和諧的家庭氛圍。

除此之外，可以在陽臺懸掛一幅圖案簡單的畫，或是擺上一盆綠色植物，例如開運竹之類。具有放射與接收的磁場能量的紫水晶也可以促進家庭成員之間的關係，也可以在陽臺上擺放。

陽臺上的燈飾

在五行上，陽臺屬金。如果陽臺空間大，可以在陽臺上設置魚池或水池，水代表財，這樣就可以增加財運。

除了安裝明亮的吸頂燈或戶外燈式的壁燈外，還可以在水池內安裝一支藍光的水族燈管，幫助增加財運。

陽臺設遮雨棚

在為陽臺設置遮雨棚時，儘量不要設置垂簷，更要避免將垂簷做成箭形等尖銳的形狀。在風水中，尖銳的物體都會帶有沖煞，形狀尖銳的垂簷會對人的身體健康造成影響。因此，在必須使用垂簷的時候，也要將其做成弧形，以避免沖煞。

陽臺增運

　　在五行中，陽臺屬金，透過適當的方法則可以提高家庭的財運。有的住宅陽臺空間較大，明亮的照明就顯得尤為重要，在陽臺安裝吸頂燈或是壁燈，可以在一定程度上增加財運。

　　另外，還可以將魚缸擺放在陽臺上，或是專門在陽臺開闢一個水池，養上羅漢魚、七彩神仙、錦鯉、紅龍等色彩鮮豔、性格溫和的魚，則就會產生旺財的功效。如果再裝上一支藍色的水族燈管，聚財的效果還會大大增加。

陽臺外煞

　　一般來說，陽臺外的典型外煞主要有下面幾種：

1. 大斬煞

　　是指從本身居所向外望，見前方有兩座大廈靠得極近，使兩座大腰中間形成一狹長的空隙，放眼望去如同大廈被從天而降的利刃所破，一分為二。

2. 孤峰獨峙

　　是指住宅所在的樓宇前後左右均無靠，成鶴立雞群之勢。預示著主人將得不到朋友的扶助，且子女不孝兼背井離鄉。

3. 五花大綁

　　住宅所在的樓宇前後左右均披立交橋緊緊環抱，相形之下，住宅的高度被壓制，周圍的視野與氣脈均被隔斷，即是五花大綁格局，遇此煞者易洩財，多數是財運差。

4. 長路直沖

　　以本身住所作為中心點，對正一條直長的道路或河流，便是路直沖。主血光之災，疾病及散財。

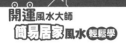

5. 白虎動土

白虎動土是指在居住的大樓左右，有樓宇興建或拆卸。凡遇白虎動土，家人易多病。

6. 孤陽獨陰

孤陽煞即住所緊鄰加油站或變電所、鍋爐房等，主脾氣火爆，因財失義，家口不寧等。孤陰煞指住宅前是公廁或垃圾站等，主家人身體不適及因病破財。

7. 反弓去水

對正住宅的路形呈反弓勢，是典型的退財格局。

化解陽臺沖煞

很多時候，對於陽臺外部格局形成的沖煞，如果既無法進行改造，又覺得設置吉祥物或是種植植物很麻煩，就可以使用一些簡單的方法化解。

為了避免與陽臺外部的煞氣形成正面衝突，可以在面對煞氣的地方懸掛珠簾或是窗簾，可以達到緩衝的效果，在一定程度上化解煞氣。

另外，還可以自己動手做簡單的符令化煞。用紅紙剪成硬幣大小，再用黑筆寫上一個「火」字，將寫好字的紅紙貼在陽臺的牆壁上，也具有一定的驅煞氣的功效。

鏡子化煞

要化解陽臺外的煞氣，可以在陽臺上設置一些鏡子，這是因為鏡子有反射光線的作用，在風水學中常利用來反射煞氣，尤其是住宅外有尖角等沖煞時，有的家庭便在陽臺上懸掛鏡子。但是如果恰好對面住宅也使用了同樣的方法化煞，則沖煞會在無形中被放大，造成更為

嚴重的影響。所以在陽臺上使用鏡子化煞要尤其小心。

凸鏡化煞

　　除了使用平面鏡化煞之外，凸鏡也有很好的化煞效果。因為凸鏡的鏡面是凸出的圓弧形，可以分散沖煞，有著很好的化煞的作用。

　　如果陽臺正對著一些尖形或帶利刃的物體，例如對面建築尖銳的屋頂、外牆上三角形的凸窗等，都會形成尖角煞，對住宅的整體運勢產生影響。此時，可在陽臺上方懸掛凸鏡，以此來化解。

　　另外，如果住宅外有道路直沖陽臺，也是大凶破財的格局。而且，道路越長、來往的車輛越多，沖煞帶來的負面影響也越大。若想要化解，可以在陽臺兩旁各放上凸鏡一面。

吉祥物化煞

　　除了使用鏡子來化煞，人們還可以在陽臺上懸掛或安置吉祥物，達到化煞和吸納吉氣的方法。不同的吉祥物，其使用方法也有所不同。

1. 風水輪

　　利用風水輪的滾動，使財富隨著流動的水氣流向自家住宅，是許多住宅常用的陽臺招財方法。在使用時，應將風水輪設置在陽臺的左方。這樣，不僅能招來財氣，還可以得到貴人的相助。

2. 水晶

　　在陽臺上放置紫水晶，利用其放射和接收磁場的能量，可以提高

整體運勢。陽臺的任意方位都可以放置紫水晶，但務必使其洞口在白天要保持朝外，而臨近夜晚時再將洞口轉向宅內，這樣才能將白天所吸收的能量釋放到宅內。

3. 瑞獸

另外，在陽臺放置至少一尊的瑞獸，如麒麟、貔貅、祥龍等，不僅可以驅趕不良的煞氣，還能捍衛住宅的安全。

4. 石獅

石獅是陽剛之氣的象徵，可以達到鎮宅、擋煞的作用。如果住宅的陽臺外有大型寫字樓、銀行等來勢洶洶的建築，可以在陽臺的兩邊各擺放一隻石獅，將獅口朝外，則可以達到擋煞的作用。

陽臺對著廟宇、醫院、殯儀館等陰氣較重的建築，容易導致家人身體和精神上的問題。如果住宅的陽臺面對這樣的格局，也可以透過擺放一對石獅來達到鎮宅的作用。

不過，需要特別注意的問題是，石獅的擺放需要是一公一母，左邊是雄獅，右邊是雌獅。

5. 石龜

在五行中，高大的煙囪、紅色外觀的大樓、油庫等都是屬火的建築，如果住宅的陽臺正對著這樣的建築，就形成了火煞的格局。此時，就可以利用在陽臺上擺放石龜的方法來化解這些屬火的形煞。

另外，如果這些屬火的建築位於南方，則需要擺放兩隻石龜，並在中間放一盆或一杯清水，就可以加強化煞的功效。

但要注意的是，在陽臺應放置一些不易被風吹雨打破壞的吉祥物，而且最好不要將吉祥物放置在陽臺的外面。

陽臺植物化煞

　　從陽臺往外看，如果山水惡劣、直沖尖角、道路沖射、街道反弓，或面對著寺院、醫院、殯儀館、墳場等對風水不利的地方，陽臺就成為化解煞氣的第一道屏障。如果在這裡種植一些化煞的植物，能有效保護家運。

　　在陽臺上化解煞氣，最好使用一些莖、花、葉上帶刺的植物，利用它們的刺使煞氣退避，進而保護住宅和家人。

1. 仙人掌

　　仙人掌葉片粗厚多肉，佈滿堅硬的茸毛和針刺，可以化解外煞於無形。

2. 龍骨

　　龍骨外形獨特，莖挺拔，充滿力量，對外煞有強勁的抵擋作用。

3. 玉麒麟

　　玉麒麟橫向伸展，化煞穩重有力，並具鎮宅作用。

4. 玫瑰

　　玫瑰雖帶刺，但是可點綴裝飾陽臺的風景，又具有化煞的功能，因此特別適合女性較多的居家使用。

5. 杜鵑

　　花葉茂密有尖刺，也是很好的化煞植物．這些化煞的植物與生旺的植物的不同點是，其花莖或花葉上有刺，可以沖頂外煞，有保護傢俱的作用。

陽臺植物生旺

　　在陽臺擺放一些花草植物，不僅可以達到美化環境的作用，還有風水方面的良好效應。如果陽臺外面沒有任何的形煞，那麼種植一些植物還可以達到生旺的效果。

風水上有生旺作用的陽臺植物均高大而粗壯，葉愈厚大愈青綠則愈佳。一般來說有以下幾種：

1. 萬年青

萬年青莖粗壯，顏色蒼翠，樹葉厚大，極具強盛的生命力。大葉伸展開來，好像一隻肥厚的手掌向外伸出，納氣接福，對居家風水有強大的壯旺作用．

2. 金錢樹

金錢樹葉片圓厚豐滿，生命力旺盛，易於生長，便於吸收外界金氣，對家中運財極為有利。

3. 鐵樹

鐵樹葉子狹長，且中央有黃斑，寓意堅強，能夠補住宅之氣血，也是重要的生旺植物之一。

4. 棕竹

棕竹莖較瘦樹葉窄長，因樹幹似棕櫚而葉如竹得名，種在陽臺可保住宅平安。

5. 印度橡膠樹

印度橡膠樹樹幹伸直挺拔，葉片厚而富有光澤，繁殖力強容易種植。

6. 發財樹

發財樹莖粗壯，樹葉尖長蒼綠，耐種而易長，充滿著活力和朝氣。

7. 搖錢樹

搖錢樹葉片顧長，色澤墨綠，極有富貴氣息。

不是所有的陽臺都適合種植物

陽臺是一所住宅中收納生氣的重要方位，因此風水學建議人們在陽臺上種植一些植物以利於更好地吸納自然生氣。但不是所有的陽臺都適合種植物，應該根據陽臺所處的方位進行選擇。

為了避免影響家人的運程，或是帶來腸胃上的問題，如果家中的陽臺位於東北或是西南方位，最好不要在上面種植植物。東北方位的陽臺如果種了植物，會對孩子的學業造成影響。如果在西南方位的陽臺種了植物，還會影響到女主人的運勢。當然，這兩個方位也不是絕對不宜種植植物，適當的紅花植物可以化解木氣。

與之相反，位於東南方的陽臺則是非常適合用來種植綠色植物。在風水學中，東南方是文昌位，在此方位種植綠色植物，正好可以滿足文昌喜木的特性。因此，在位於東南方的陽臺上種植高大粗壯的常綠觀葉植物，可以催旺文昌，對家人的工作和學業都會有說明。

陽臺「鬥風水」

所謂「鬥風水」，簡單地說就是透過「陰陽五行」的生剋，時間、方位和對象的配合，以風水術剋制他人的風水格局。尤其是吉祥物使用不當，常引發不良後果。

為了避免兩敗俱傷的結局，同時又能化解沖煞，最好也是最保險的辦法就是在陽臺種植具有化煞作用的植物。

改造陽臺風水

一所住宅中，只有陽臺能充份吸收住宅外面的陽光、空氣、雨露等，因此從風水學的觀點來看，陽臺是住宅的納氣之處，它對整個住宅的風水有著非常重要的影響。

然而，現代住宅中，陽臺通常都是採用開放式的設計，與客廳、臥室之間往往只有簡單的窗戶或閘進行隔斷。這樣的格局，使得外部的環境以及雜訊等各種不利因素可以輕易透過陽臺進入住宅內。因此，對陽臺進行改造就十分必要了。

如果是非方形建築，就是所謂的天之數。這是因為房間數為一和三是最佳格局，如果是退休的人居住，則七間房間比較合適，這就符合了所謂的「生於一，極於三，退於七，窮於九，而又復生於一」的說法。現代住宅大多是長方形或正方形，為了使其符合天之數，可以將陽臺進行改造，使其外觀成為半圓形即可。

陽臺影響財運

陽臺是住宅連接外界的主要通道，它的格局對家庭的財運也有著關鍵的作用。

從陽臺往外看，如果看到的道路是彎曲的，而彎角的地方又正好對著陽臺，這就形成了反弓煞，是敗財的格局。如果陽臺外面是兩幢高樓，視線所及之處只有一條狹窄的通道，這在風水上叫天斬煞，這樣的格局不僅會導致敗財，還容易引起血光之災。

如果陽臺外面是廟宇、醫院等陰氣較重的建築，或是高大的辦公大樓等，也會對住宅的財運風水造成影響。

對於陽臺外部格局形成的沖煞，如果既無法進行改造，又覺得設置吉祥物或是種植植物很麻煩，就可以使用一些簡單的方法化解。

為了避免與陽臺外部的煞氣形成正面衝突，可以在面對煞氣的地方懸掛珠簾或是窗簾，可以達到緩衝的效果，在一定程度上化解煞氣。

另外，還可以自己動手做簡單的符令化煞。用紅紙剪成硬幣大小，再用黑筆寫上一個「火」字，將寫好字的紅紙貼在陽臺的牆壁上，也具有一定的驅煞氣的功效。

凸鏡的鏡面是凸出的圓弧形，可以分散沖煞，有著很好的化煞的作用。如果陽臺正對著一些尖形或帶利刃的物體，例如對面建築尖銳的屋頂、外牆上三角形的凸窗等，都會形成尖角煞，對住宅的整體運勢產生影響。此時，可在陽臺上方懸掛凸鏡，以此來化解。

　　另外，如果住宅外有道路直沖陽臺，也是大凶破財的格局。而且，道路越長、來往的車輛越多，沖煞帶來的負面影響也越大。若想要化解，可以在陽臺兩旁各放上凸鏡一面。

第六章

客廳

客廳的風水意義

　　房屋和人一樣，也是有部位區分的，住宅的正中央就是人的心臟位置，專業名稱叫穴眼。穴眼凝結著整棟房子的氣，想要房屋宅氣旺盛，穴眼是關鍵。古人將穴眼稱為「皇極」，可見其在風水學上的尊貴地位。

　　出於穴眼的重要地位，我們該把這一地方留作客廳，接待客人，上下旺家。穴眼的位置一般在客廳正中心，因此此處不能放沉重的傢俱，例如沙發、電視櫃之類的，這樣做很容易壓住穴眼，沒有辦法凝結房子的旺氣和運氣，致使障礙和擁堵，給家中的日常生活不順。因此在裝修居家時要記得合理安排，讓穴眼氣息暢通。

　　如果一人居住，客廳的風水就只與宅主有關。如果多人合租住房，並同時使用客廳，誰的命卦與客廳的方位最合，就應以對他有利的方式進行佈置。一旦這個人將住宅的好運帶旺了，其他人的好運也會跟著來。

客廳物品擺放禁忌

　　在客廳擺放物品應講究，才能趨吉避凶。

1. 適量擺放圓形物品

　　為了營造出一種團圓和諧的氛圍，客廳可多擺放一些圓形物品，因為圓形往往象徵著融洽、活潑。但客廳中也不能圓形氾濫，否則會製造動盪不安的反效果。切忌將天花板裝飾成圓形，會有被蓋住無法動彈的壓迫感。

2. 櫃子要緊貼牆壁

　　如各種櫃子必須緊貼牆壁，才能即安全又節省地方。

3. 水景佈置不宜多

水景佈置不宜加入過多，以免使客廳陰氣過重。

4. 不要擺放奇怪的物品

來歷不明的古舊神佛，不宜擺放在客廳中；奇形怪狀的木偶、藝術品最好不要放置在客廳；表情兇神惡煞的雕像，動物的頭顱，不適合擺放在客廳。

5. 擺放的雕像要成對

如果要擺放木雕或石雕的獅子，一定要是一公一母成對，且一定要面向門外，才能達到鎮宅、避邪的作用。

6. 為植物和石頭上紅

植物或石頭最好為其綁上紅繩或點上紅漆，使其轉陰為陽。

7. 不宜放置貴重之物

保險櫃、金櫃不適合放在具有公共性質的客廳。

客廳要整潔

客廳擺放物品還有一個禁忌就是不能擺放成對的雜物，因為客廳作為住宅的心臟，一旦心臟中有雜質，就極不利於風水。然而客廳是家人逗留時間最長的地方，每個人都可能在這裡遺留物品，要保持絕對的整潔，並不容易。所以首先要讓家人都養成隨時收拾的好習慣，並定期進行整理。

客廳雖然不是用來儲藏物品的空間，但客廳最好也設置一些櫃子來儲存公共區域常用的物品。只要這些櫃子不太高，不會製造壓迫感，就可以在客廳使用。茶几往往是擺放物品最多的地方，茶几的面上儘量少擺放物品，一個果盤、一盒面紙、一套茶具就夠了，別的東西應收到茶几的下面。一個帶格子的籃子適合放在茶几下收納雜物，遙控器可以放在專門的沙發扶手遙控器袋

客廳的地板

　　客廳風水在住宅風水上有重要的意義，尤其是客廳的地板，更是意義重大。客廳的地板象徵著自己的地基，所以必須堅固。一旦發現地板有所破損，應立即補換更新。另外，感覺寒冷的大理石等地板，可以鋪地毯來化解。

　　此外，客廳的地板無論是哪種材質，都不能高低不平，也不宜有過多的階梯。有些客廳採用層次分明的設計，讓地板有高低變化，雖然看起來很別緻，但在風水上是凶相。因為地板不平，除了給小孩或老人的行動帶來不便外，還會使家運起伏坎坷。

地毯的風水作用

　　通常茶几應選擇方形或橢圓形，以給人穩定的感覺。圓形雖然過大，但只要在空間上允許，也可以採用。最忌諱的是採用菱形的茶几，這種茶几的尖銳棱角會沖射坐在沙發上的人。

　　石材和玻璃材質的茶几象徵著穩重和權勢，被稱為開運茶几，擺放在客廳的西北角，可以使家庭的男主人事業穩固，擺在西南角，則會讓女主人掌握家中的當家大權。

　　另外，金屬材料的茶几因為不易潮濕，也很適合擺放在客廳，如果鍍上金黃色，也可以為家庭帶來財氣。

　　地毯雖然鋪在地上，卻經常覆蓋很大的一塊面積，在整體效果上能佔據主導地位。因而地毯是改變居家佈置最簡單的飾品，特別在喜愛使用地毯的冬天。一塊漂亮的地毯，不僅有裝飾客廳的作用，更有藏風聚氣的風水效果。

　　選擇地毯時應注意其圖案有和諧的視覺效果，不會給人帶來刺眼

或不舒服的感覺。為了與住宅和宅主相配合，還應該根據住宅的屬性和宅主的需要來選擇顏色和圖案。雖然地毯有改變風水的力量，但最好在客廳中只使用一塊地毯，否則會令效果大打折扣，甚至適得其反。

北方五行屬水，喜歡代表理性的藍色。在風水上，波浪形的圖案屬水，屬金的圓形圖案則對水有生旺作用。在客廳的北方，如鋪設藍色波浪形或圓形圖案的地毯，有助於事業的發展。

東北方和西南方五行屬土，喜歡代表財富的黃色。在風水上，格子圖案屬土，屬火的星狀圖案則對土有生旺的作用。在客廳的西南方或東北方，如鋪設黃色格子圖案或星狀圖案的地毯，能令財氣旺盛，使事業得到發展。

東方和東南方五行屬木，喜歡代表生機的綠色。在風水上，直條紋屬木，屬水的波浪紋則對木有生旺的作用。在客廳的東方或東南方，如鋪設綠色直條紋或波浪紋圖案的地毯，能對家運和財運達到正面的作用。

南方五行屬火，喜歡代表喜氣、熱情、大膽進取的紅色。在風水上，星狀圖案屬火，屬木的直條紋則對火有生旺的作用。在客廳的南方，如鋪設紅色星狀或直條紋圖案的地毯，能使家人充滿幹勁，能取得名利雙收的效果。

西方和西北方五行屬金，喜歡代表高貴和純潔的白色、金色、銀色。在風水上，圓形圖案屬金，屬土的格子圖案則對金有生旺作用。在客廳的西方、西北方，如鋪設白色、金色、銀色的圓形圖案地毯或格子圖案地毯，不僅能增強財運，還能促進人際關係，有貴人相助，甚至還有助於孩子的學業。

客廳方位	五行	適宜色調
東方、東南方	木	綠色：生機
東北方、西南方	土	黃色：財富
南方	火	紅色：喜氣、熱情、大膽進取
西方、西北方	金	白色、金色、銀色：高貴、純潔
北方	水	藍色：理性

　　雖然地毯有改變風水的力量，但最好在客廳中只使用一塊地毯，否則會令效果大打折扣，甚至適得其反。

大門與客廳之間設玄關

　　大門與客廳之間設置玄關，不但可以保護隱私，還可以使從大門進來的氣流有緩衝，迴旋集聚於客廳，達到藏風聚氣的功效，給經常在客廳的人帶來好運。如果不設置玄關，門外的氣流直接沖入客廳，會影響家人的財運。

客廳的天花板

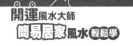

客廳是人聚集的地方，一定要給人輕鬆之感。客廳的天花頂設置一個天池，不僅視覺效果好，還對住宅的風水大有好處；天花板的顏色要明亮，不能過於濃重，以淺色為主，例如淺藍色。此外，天花板上還可以裝上日光燈，這樣使客廳更加明亮。

客廳成為動線

動線是建築與室內設計的用語之一，指人在室內室外移動的點，聯合起來就成為動線。客廳是聚集旺氣的地方，如果人經常走動，就會形成人為的氣流，對風水不利。另外，客廳如果在動線上，容易使客廳裡的人受到干擾，以致影響到居住者的事業運。

客廳的旺位擺放

一般而言，住家的旺位在進入客廳門口的斜對角。旺位的要求是清靜和安定，所以不能是通道的動線。在風水的旺位，可以擺放生旺的植物，如生命力旺盛的綠葉植物、魚缸等。不過，此處最忌諱的是鏡子，因為鏡子有反射的效果，即使好運和財運進了家門，也會讓鏡子將它們反射出去，使財運不濟、機會流失。

客廳陰暗

明亮的客廳能使全家氣運旺盛，所以客廳的光線要保證充足。窗戶應常開，如果連著陽臺，就要保證陽臺上的光線能儘量透過來。另外，客廳的牆壁最好也用明亮的色調。如果客廳的自然光線不足，可以用燈光來彌補。

客廳燈飾

客廳屬陽，客廳的燈要夠高、夠亮使燈光散佈到客廳的每個角落。如果燈具比較多，應使用相同元素的燈飾，以保持整體風格的協調一致。如果客廳面積比較大，可採用燈光來解決區域劃分，餐桌上運用暖色吊燈，沙發旁放一調光式落地燈，展示架和電視背景牆上安裝幾個小投射燈。

客廳有橫梁

客廳的天花板上如果有梁橫跨，會使坐在客廳的人感到壓抑，長時間會引起精神緊張，運勢不振，所以在裝修時，應將橫梁遮掩起來，或者在橫梁下面放高櫃子。橫梁下面不能放置沙發用來坐人。

客廳開落地窗

客廳的窗臺不適宜太高，可以做成落地窗，這樣在客廳就能看到窗外的景色，視野開闊，調節人的心情，但是客廳的落地窗也不能太多，一方面不方便居家的擺設，另一方面也不能給人安全感。

客廳擺放過多的裝飾品

客廳如果堆放過多的裝飾品，容易堆積灰塵，影響氣流暢通，當然容易使人氣血不順，健康出現問題。所以，客廳的裝飾品，要以易清洗和擦拭的材料為主，造型簡單大方，突顯主人高尚的審美情趣。

客廳比其他房間大

客廳在風水上象徵家裡的男主人，如果男主人的氣運不好，直接影響到家族的興衰。而低矮狹小的客廳，則預示著男主人財運不濟，事業難成，更得不到貴人的相助。所以，客廳一定要顯得高大明亮，保證氣流的通暢。

客廳的方位

客廳作為住宅的「穴眼」，是住宅中迎風聚氣的關鍵所在，因此人們要將開門可見的第一間房作為客廳。此外，這樣的客廳格局也利於保護宅主的隱私。有些人將客廳置於餐廳、廚房或臥室之後，一旦有客人到來，就會先經過這些較為私密的房間，最後才進入客廳。這樣不僅有令客人登堂入室的感覺，還可能會犯財露白的禁忌，同時讓人有大門開在房屋後面的感覺，進大門卻變為走後門。

不同的客廳方位有著不同的運氣，例如下表所示：

客廳方位	所屬五行	所屬運勢	主色調
正東方	木	健康運	綠色
東南方	木	財運	綠色
東北方	土	文昌運	黃色、土色
正南方	火	聲名運	紅色
西南方	土	桃花運	黃色、土色
正西方	金	子孫運	白色、金色、銀色
西北方	金	貴人運	白色
正北方	水	事業運	黑色、藍色

客廳方位	宜擺放物品	忌擺放物品
正東方	屬木之物：茂盛的植物等。 屬水之物：魚缸等，因為水能生木。	
東南方	屬木之物：圓葉的綠色植物等。 屬水之物：魚缸等，缸中可以養八條金色魚和一條黑色魚。	忌乾燥處理的花，以免陰氣過重。
東北方	屬土之物：陶瓷製品、天然水晶等，可以增強這個區域的能量。	
正南方	屬火之物：紅色的地毯、鳳凰雕塑、火鶴雕塑、日出圖。 屬木之物：紅色的木製品，因為木能生火，裝設照明燈，也能有助聲望的增加。	屬水之物，鏡子也是屬水之物，因此要選用小鏡子。
西南方	屬土之物：陶瓷花瓶、懸掛式檯燈、天然水晶、全家福照片。	
正西方	屬金之物：金屬雕刻品、金屬風鈴、電視、音響。 屬土之物：白色的陶瓷花瓶、天然水晶，因為土能生金。	
西北方	屬金之物：金屬雕刻品、金屬底座白色燈罩檯燈、用紅繩串起的六枚銅錢等。	
正北方	屬水之物：魚缸、水車、有水的畫。 屬金之物：黑色的金屬裝飾品，因為金能生水。	

客廳對著廚房

由於現代許多住宅面積狹小，卻又要做到「麻雀雖小，五臟俱全」，因此常常讓客廳直接面對著廚房，或者是直接在客廳的一個角落設為廚房。然而，這看似方便的格局背後卻隱藏著風水隱患。

這是因為：客廳是家人聚會的地方，陽氣聚集；廚房是煮飯炒菜的地方，是燥陽之地。如果客廳正對著自家或別家的廚房，就可能導致家中宅運複雜，令家人的運氣不平穩，時好時壞。化解的辦法是在窗前安裝長明燈，使客廳的陽氣穩定。

如果對著的廚房距離客廳較遠，則不會受影響。

客廳形狀

由於客廳承擔著宅中家人聚集、接待賓客的職能，因此客廳的風水佈局關係著居住者的整個家運。如果一個住宅中的客廳形狀狹長或是不規則，不僅容易給前來拜訪的客人以主人心胸狹隘的感覺，而且也是風水不佳的表現。

在傳統的審美觀念中，方方正正的房屋風水最佳，此理同樣適用於客廳。因此，方形和長方形的客廳才是理想的好風水客廳，它不僅利提升居住者家運，也能給他人以主人光明正大，心胸開闊的象徵。

有些時候，建築商為了顧及大樓的整體設計，而將某些住宅的客廳設計成了 L 形。然而，在不規則的客廳形狀中，L 形的客廳是不吉利的相贈。L 形的客廳無論是前寬還是後寬，都會給人狹窄、變形的感覺，因而應將其分隔為兩個獨立的房間。

如果覺得分為兩個房間損失了客廳的面積，可以用櫃子或屏風作分隔。如果仍不如意，可以在缺角的那面牆上安裝鏡子，利用鏡子的反射，製造出空間擴大的感覺，象徵性地彌補缺角。

佈置狹小的客廳

　　一般來説，由於客廳承載全家人在此共用幸福時光，並接待一定人數的客人的責任，客廳就應該是整所房屋中最大的一間屋。這是因為不夠寬敞的客廳勢必令家中成員不願久留，也會令客人感覺拘束，甚至可能因此致使家人不和、人際關係失衡等問題的出現，但不是每家人都能擁有寬大的客廳，如果客廳相對狹小，就應在佈置客廳時注重簡潔、明快、通透，儘量減少客廳中的傢俱，以減少壓抑和憋悶的感覺。

　　此外，客廳如果狹小的話，不適合安裝門，否則就會有窘迫感。特別是客廳旁正好有通往客廳的通道，恰好能在視覺上增加客廳的空間感。窗少的客廳也不適合安裝門。窗少已經有礙氣流的流通了，如果再關上門，勢必使房屋內空氣凝滯，缺乏新鮮空氣。

客廳臺階

　　現在的人們在傢俱裝修時常常講究個性化設計，因此有人會為了讓客廳顯得與眾不同，進而在客廳中設計了某一塊高出一梯的臺階效果，甚至還可能是曲線的造型。然而，這樣的客廳地面設計卻常常阻礙了家庭運勢。

　　首先，這樣的客廳讓人行走不便，人們容易忘記階梯的存在而摔跤。而且，每天在客廳上上下下地行走，人們勢必感覺辛勞，進而導致家運坎坷，事業不順。同理，客廳的地板也不適合安裝凹凸明顯的石料，不平整的地面，可能會帶來不平順的家運。

尖角

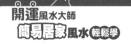
從建築審美的角度來看，客廳存在的尖角會極大地影響視覺觀感；從風水學的角度來看，客廳存在的尖角會對居住者構成壓力，進而影響到整個住宅的風水。想要化解尖角的影響，可以用木櫃將尖角的地方遮擋住，或者做一道木牆將尖角處填平，並懸掛一幅「華山日出」圖，可以達到很好的解煞之效。

如果客廳空間較大，人們可以在尖角的中間做一個弧形的木質花台，養上綠葉的植物，並用小投射燈照射，這樣不僅可以消減尖角對客廳風水的影響，也增加了客廳裝飾的立體感。

另外，還可以在尖角處擺放常綠植物和魚缸，也是一種簡單易行的消除尖角壓迫的辦法。

立柱

現代傢俱中歐洲風格並不少見，人們常常會為了借鑑歐洲風格，而在客廳的入口處安裝了一對歐式立柱，以強調歐式風格。但在安裝時應首先看客廳和入口的大小，如果客廳狹小、人口狹窄的情況下，再安裝歐式立柱，勢必讓狹窄的空間更加局促，不利於空氣的流通。

此外，在允許安裝立柱的情況下，要避免使用白色的立柱。這是因為白色的立柱看起來就像一支白色的蠟燭一般，而白色蠟燭通常是跟死亡沾上邊的，將它插在客廳的入口，容易使人產生心理恐懼感，影響家庭運勢。

梁柱

由於建築方面的原因，住宅中有時會出現梁柱。橫為梁，豎為柱。由於這些梁柱有著承重作用，所以，即使位置不佳，影響了居家的風

水，也不能蠻橫地將其拆除，而只能用巧妙的方法將其隱藏。

如果柱子連著牆體，可以透過酒櫃的擺放將其遮掩，或是利用柱子與牆體間的空間做成陳列櫃，便可自然地化解沖煞。如果是獨立的柱子，而且又離牆壁太遠，無法用櫃子將其與牆壁相連時，則可以在柱子上做文章來化解。

若客廳較大，可以獨立的柱子為分界線，兩邊分別鋪上地毯和石材，將柱子變成自然的分界線，使觀感更加自然。

另外，也可以在柱子的四周裝上木槽，種植易於室內生長的植物。為了節省空間，同時也使客廳的綠化呈現出立體的效果，可以將花槽裝在柱子中部，既美觀大方，又化解了突兀的柱子帶來的不利影響。

天花板

風水學認為，客廳的天花板象徵著住宅中的天。自然界中，天是光來的地方；也就是説天花板作為住宅中的天也應具有充足的光線，達到使室內光明的作用。如何使天花板達到住宅天的作用，主要是從燈光和顏色兩方面來佈置。

1. 燈光佈置

如果客廳光線不足，人們就應當在天花板上適當增加一些燈具的配置。燈應打向天花板，以利用反射的方式，將光散佈到客廳的每個方位。特別是日光燈的光線與太陽光最接近，從天花板反射出來，能增強客廳的陽氣。

2. 顏色佈置

要想讓客廳光線充足，客廳天花板不宜採用深色，應選用淺淡的顏色。這就如同在自然環境中天在高處為藍色、白色，地在低處為黑色、褐色，在家中也如此佈置符合自然之道。

假天花板

　　有些人嫌客廳原來的天花板不好看，選擇給客廳安裝了一個假天花板，卻反而破壞了客廳作為一間屋子的整體性，就意味著把房屋中的某一部分給裁掉了，風水上稱其為自裁，是極為不吉利的。有些人更在假天花板中挖燈槽，將燈藏到裡面，這就致使所有的燈槽都變成了壓頂的橫梁，給人壓迫感。

　　風水上說「逼迫自裁困滯事」，也就是說如果房屋出現逼迫或自裁的情況，就會使做事困難，難以進行下去，進而帶來困擾，是很不好的風水。

陽臺改建為客廳的一部分

　　有些時候，會遇到客廳較小，而陽臺面積較大的情況，有些家庭就會為了有效利用空間，將陽臺部分或全部改建為客廳，使客廳更為寬敞明亮，這不失為一種合理的空間修改法。但在改造過程中，人們要尤其注意以下幾個方面：

1. 避開承重牆

　　但在改造工程中，人們應事前仔細考慮房屋的結構，絕對不可以破壞承重牆，以免造成牆面坍塌，甚至可能危害大樓的安全。

2. 改造部分不宜放重物

　　改為客廳的陽臺部分也最好不要放置過重的物品，如沙發、櫃子、假山等。陽臺本身的承重能力不如普通房間，因而可能有安全隱患。

3. 巧妙隱藏橫梁

　　當陽臺改為客廳的時候，通常會出現一道分隔兩者的橫梁，如果任由它存在，不僅會影響觀瞻，還對風水有損害。解決的辦法是加裝假天花板，將橫梁巧妙地隱藏起來。雖然安裝假天花板不利風水，但

總好過橫梁壓頂。不過需要注意，原本的橫梁處不應該擺放福祿壽三星或任何招財吉祥物，否則會令財運受損。

繪製客廳的風水畫

繪製客廳的風水圖有兩種辦法。

1. 畫出客廳的平面圖，並按照九宮圖的方式，分為等額的九份，也可以直接利用地上的地磚或天花板的格子將客廳分成九份。

2. 在客廳的平面圖上用兩根對角線找出中心點，以中心點為中心，東南西北為座標，將客廳分成八個錐形的等額塊。

繪製好的風水圖，可以與宅命圖相對應。客廳的不同方位代表了不同的運氣，根據其不同方位的代表，可以得出客廳風水佈局的宜忌。

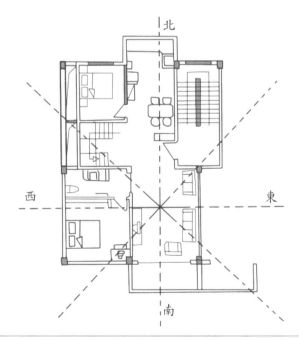

客廳的主色調

　　客廳的色調選擇是客廳的佈置十分重要的部分，合適的配色能使人的感官舒適，也利於提升家庭財運。到底憑藉什麼來決定客廳的主色調呢？由於客廳是家人聚集的場所，如果根據某人的命卦五行來配顏色，可能對其他人有不利影響。客廳以窗戶為主要的納氣口，所以應以窗戶的朝向來決定色調。如果多方有窗戶，以太陽容易進入的一方為準。

窗戶方位	五行	財氣	客廳主色調	風水解析
東方、東南方	木	土	黃色，客廳的牆紙、沙發、地毯都應以黃色為首選。	東方是旭日升起的方位，會有早陽光顧，有年輕的意味，但不利守財，而土色能增加客廳的凝重感，是成熟的象徵。
南方	火	金	白色、灰色等冷色調，客廳的牆紙、沙發、地毯都應以冷色調為主色。	南方是燥熱的太陽經常照射的方位，多用冷色調會給火熱的客廳帶來一絲清涼。
東北、西南方	土	水	藍色，客廳的牆紙、沙發、地毯都應以藍色為首選。	東北方和西南方都是少風少陽的方位，靈動的藍色能增強客廳的活力。
西方、西北方	金	木	綠色，客廳的牆紙、沙發、地毯都應以綠色為首選。	西方是太陽下沉的方向，時常看到暮日西垂，不利事業，而生機勃勃的綠色則會消除消沉感。
北方	水	火	紅色、紫色、粉色，客廳的牆紙、沙發、地毯都應以這三種顏色為首選。	特別是在寒冷的冬季，北向窗戶容易吹進北方凜冽的寒風，此時有溫暖如火的顏色在室內，能給人安全感。

客廳八方運

客廳的正東方位與居住者的健康運息息相關，這個方位五行屬木，喜用色是綠色。在這個方位放置茂盛的植物可促進家人的健康和長壽。或者運用以水養木的原則，在此方位放置屬水的物品或山水畫也有利健康。

客廳的東南方與居住者的財運息息相關，這個方位五行屬木，喜用色是綠色。在這個方位擺放屬木的物品可有招財效果，其中以圓葉的綠色植物效果最好。由於水在風水中代表財，此處也很適合放魚缸。

客廳的正南方代表名聲運，五行屬火，喜用色是紅色。此方位可以放置紅色的木製飾物，或者懸掛鳳凰、火鶴或日出的畫。如果想給家庭帶來更好的名聲，還可以在此裝設照明燈。另外，此方位不能擺放鏡子，因為鏡子屬水，水能滅火，對聲名運勢不利。

客廳的西南方代表桃花運，五行屬土，喜用色為黃色。如果想增進婚姻或戀愛運勢，就需要著重佈置客廳的這個方位。催化的辦法和東北的文昌位一樣，為了增加夫妻感情，可以在此設置燈光和擺放全家福照片。

客廳的正西方與居住者子孫運息息相關，這個方位的五行屬金，喜用色是白色、金色和銀色。想要多孫多福的老年人家裡，可以在客廳的正西方擺放金屬雕刻晶、六柱中空金屬風鈴、電視和音響等屬金的物品。

客廳的西北方代表貴人運，五行屬金，喜用色是白色、金色和銀色。催化的辦法和西方的子孫位一樣。例如擺放金屬底座加白色圓形燈罩的檯燈、紅繩串六個古錢都有助於增加貴人運和人際關係。

客廳的正北方代表事業運，五行屬水，喜用色是藍色和黑色。金能生水，在這個方位放置屬水的物品和金屬物品，對居住者的事業運都有幫助，屬水的物品包括魚缸、山水畫、水車等，金屬物品可以是

飾品，也可以是空調、冰箱、暖氣機等。

　　客廳的東北方是文昌位，有助於學業，五 行屬土，喜用色是黃色和土色。如果有小孩正要參加考試，最好注意這個方位的風水佈局。泥塑、陶瓷花瓶等屬土的物品能增強這個區域的能量，也可以在此擺放天然水晶。

客廳的財位

　　客廳的財位位於客廳進門的對角線方位。如果住宅門開在左邊，財位就是在右邊對角線頂端上，如果住宅門開在右邊，財位就在左邊對角線頂端上，如果住宅門開在中間，財位就在左右對角線頂端上。

　　客廳的財位影響著全家的財運，關係到家運的興衰，因此，財位的佈局十分重要。

　　第一，財位宜亮不宜暗，如果有陽光和燈光的照射，就會生旺財氣。因此，陽光很少照進客廳的話，在客廳的財位安裝長明燈來化解。

　　第二，財位處宜實不宜虛，不宜有門窗、柱子。財位背後最好是堅固的兩面牆，象徵有靠山可倚，保證無後顧之憂。如果財位處或背後是玻璃窗或闊，則財氣外洩，會有破財之虞。

　　第三，財位要有人氣，財位可以給人帶來財氣，如果人不來此吸收能量，怎麼將財氣賦予人身上呢？因此，可以在財位上放置睡床、沙發及餐桌。

　　第四，財位處可以擺放一些寓意吉祥的招財物件，增加財位的能量。

　　除此之外，財位應保持通風、清潔、整齊，如果廁所、浴室和雜物壓在此方位，不但不利於招財進寶，還會令家財損耗，不能受尖角沖射；不宜在此擺放水種植物和魚缸；不要將音響、電視等會微震動的物品擺放在財位上，財位上也不能放置沉重的物品，如書櫃、衣櫃、

組合櫃等，財位壓力大會影響家庭財運吃緊。

財位植物

　　枝葉旺盛，生命力強，不斷生長的常綠植物最利於財位。因此，財位的植物以大圓葉的黃金葛、橡膠樹、金錢樹及巴西鐵樹等最為適宜，而且要以泥土種植，以免財化於水。仙人掌類的植物主要用於化煞，如果不經過專業的風水師分析，不要擺放此類植物。

客廳的傢俱風水意義

　　客廳在格局上有風水講究，其中的擺飾、傢俱、沙發及桌椅的顏色、形狀、材質與家運及事業運勢更加息息相關。

　　例如，沙發最好是一整套，不要用單個的沙發或者兩種沙發混搭使用。材質最好用具有陽氣的棉麻、纖維做成，顏色以光鮮亮麗最招財。

　　如果在客廳放一個大理石面的座椅，雖然打理起來容易，但時間長了就會對居住者產生煞氣。因為大理石是陰氣極盛的材料，接觸久了，就會心神不寧、是非多。可以在大理石面上做一個棉質的坐墊來化解。

客廳傢俱的選擇與擺放

　　作為在一所住宅中，客廳作為全家人團聚的場所，必須要具有極強的向心凝聚力。

1. 選擇堅實而舒適的傢俱

客廳作為一所住宅的中心，是使用率較高的場所。因此，客廳的

傢俱應選用材質堅實的。而且沙發和座椅儘量使用高背款式的，不但坐起來舒適，也象徵著家庭生活有依靠和保障。此外，傢俱要注意保持整潔，以免聚積穢氣。

2. 將傢俱擺放成八卦形狀

要營造出一種圍聚感，需要注意客廳傢俱的擺放方式，宜將傢俱圍住客廳的中心，形成類似八卦的形狀。中央的擺放方式可以使一家人坐在家中時，相互面對，容易看到對方的表情，利於進行感情的交流與溝通，減少矛盾，促進家庭和睦團結。

居家的顏色

衣櫃和書櫃是住宅內的主要傢俱之一，有時也會擺放在客廳裡。選擇這些傢俱的時候要注意保持與室內整體顏色的協調，過於強烈的對比會造成人的煩躁感，如果一定要用對比色，就要降低色彩純度，弱化視覺中的對比感。

客廳的座椅

怎樣在使用客廳接待客人時展現出主客分明的形勢,你可以選擇對座椅進行區分,以顯示主人的尊崇地位。

一般來說,主人的位置應靠屋內,比客人椅子略高,有靠背,背後最好有牆,前方避免有高大的傢俱。客人的位置應在主人位的左右兩方,應較為簡樸,避免搶主人椅的鋒芒。

選擇沙發

在現代傢俱中,沙發有很多的種類。從座位數上,有單人沙發、雙人沙發、三人沙發;從形狀上,有方形沙發、曲尺形沙發、圓形沙發;從材料上,有皮製沙發、布製沙發、藤編沙發以及酸枝木椅。纖維類、棉麻類等都屬於陽氣的材料,用其做成的沙發具有開運招財的作用。沙發的顏色種類更是多種多樣,其中金色、鮮黃、翠綠、銀色、紫紅等亮麗的顏色屬於吉祥色,也具有開運招財的作用。無論是沙發本身,還是靠墊、坐墊等,都要多選用這些顏色。

無論使用哪種沙發,切記要成套使用,不能將不同材料和不同形狀的沙發混用。沙發的數量也不宜過多,沙發以能容納五到六人比較適宜。

組合沙發

沙發承載著提供家人聚集休息的場所的功能,因此它的設計就應該如同船隻的避風港一般,最適合採用能藏風聚氣的彎曲形,這樣才能夠容納足夠的氣。組合沙發的擺放方式通常是將三人沙發擺放在中央,單人沙發擺放在兩邊。單人沙發就如同向前伸出的左右臂膀,令人有安全感。

如果因客廳狹長而將沙發擺成直線形,則缺少了納氣的空間。但

有時沙發無法擺出左右擁抱的形狀，此時至少要在離大門最遠的邊放置一個單人沙發，以將快要流走的氣收住。

沙發擺放

對於沙發的擺放，風水學要求將擺放在吉祥的方位，因為沙發是家庭成員在客廳中常待的地方，是客廳的焦點所在，因此，只有將沙發擺在吉方，才利於家庭成員和睦相處，有助家運。

如何確定沙發擺放的吉位呢？人們應根據東西四宅來看。東四宅的正東、東南、正南、正北四個方位為吉方位，西四宅的西南、正西、西北、東北四個方位為吉方位。根據宅命的不同，可以將沙發擺放在四個吉方位之一。不過最好的方式還是看住宅的坐向，沙發宜與住宅的坐山在同一方位。如住宅為坐北朝南，沙發也宜坐北朝南。

此外，確定沙發的擺放吉位還可以根據命卦來推算。

命卦	沙發吉位（首選）	沙發吉位（次選）
坎卦	東南方	北方
艮卦	西方	東北方
震卦	南方	東方
巽卦	北方	東南方
離卦	東方	南方
坤卦	西北方	西南方
兌卦	東北方	西方
乾卦	西南方	西北方

沙發背後「靠山」

　　風水學認為，住宅之後適合有高大的建築或山體做靠山，沙發背後也應應該有靠山。一般來說，沙發背後的靠山是堅實的牆壁，這樣能令坐在沙發上的人有踏實的感覺。但是，外牆及背後為廁所、廚房的牆壁不宜用來放沙發。

　　如果沙發後為門窗或通道，會有後背空虛之感，不僅可能被人窺視，還有被襲擊的危險。這在風水上為洩財之兆，不能守財。尤其是不可將主沙發背門而擺，否則容易犯小人。

　　有些時候，人們為了使整體佈置趨於美觀，而將將沙發擺放在沒有牆的方位，致使後背空虛。這時，不妨在沙發後放置屏風、博古架、矮櫃、高大的綠色植物等物品，為沙發製造一個人造靠山，使人產生背後有靠的感覺，以補救其不足。

　　由於風水上有見財化水之說，因此切忌在沙發背後擺放屬水的物

品，如魚缸、風水輪、有水的畫等，它們只會增加背後的虛空感，容易見財化水。鏡子也是屬水之物，因此也絕對不能放置在沙發背後，因為它容易讓人看到坐在沙發上的人的後腦，增加了背後的虛空感，自然令沙發上的人有不安之感。

沙發有橫梁壓頂

風水學上講究沙發頂忌橫梁壓頂，因為它常常會對宅主全家的運勢形成不利影響，甚至還會影響前來拜訪的客人的運勢。

因此應儘量避免這種情況，而如果無法避免橫梁壓頂的情況，則應在沙發兩邊的茶几上放置開運竹，使用開運竹筆直向上、不斷生長的形態，將橫梁的壓力頂回去。或在橫梁兩端的下方掛簫，使橫梁看起來像是被簫扛起的樣子。

沙發與大門對沖

風水學認為，當沙發與大門呈一條直線時，就形成了一種「對沖」的格局，可能導致家人流失、四方散財。

此時，最好將沙發挪一個地方，如果無法挪動沙發，就應該在沙發和大門之間設置一道屏風，儘量做到讓從大門流進屋內的氣不會直沖沙發，也就不會造成家人被沖散而無法齊聚一堂的局面，更不會讓財氣外洩。如果沙發是朝向大門的，則沒有什麼損害。

沙發上方裝燈具

沙發上方不適合裝燈具。想一想，人坐在沙發一上，正頭頂一直有燈光直射，能感覺舒服嗎？不說風水意義，自己也會感到全身煩躁，坐立難安吧。

筒燈或射燈只適合照在電視櫃和餐桌附近，在什麼時候也不適合對著人直射。如果沙發處光線不足，可以讓燈光從牆壁上反射過來照明。

沙發被燈光直射

在沙發的正上方安裝燈具，確實可以使沙發周圍的光線更為明亮，但是也會使得坐在沙發上的人們感到自己被燈光直射，就如同直接被太陽炙烤一般，令人感覺頭昏目眩。如果上方的燈為射燈，其打出的光柱，更像一把利劍從天而降，令人坐立不安。

如果想增強沙發周圍的光線，可以採用將光打向房頂或牆壁的做法，用柔和的反射光照明就可以了。

沙發前的地毯

沙發前鋪一塊厚厚的地毯，增加了溫馨的氣氛，使人坐臥更加舒適，心情也更放鬆。不過，這塊地毯的風水作用可不能小覷。它相當

於住宅前的明堂,直接影響到客廳的納氣。

如果地毯的顏色、花樣搭配得宜,會使大廳產生不同的氣場與空間上的變化。因此在設置時有以下幾點需要注意:

1. 要選擇厚實的材質,在冬季能減緩空氣的流動,調節室內溫度。

2. 選用構圖和諧、色彩鮮豔明快的地毯,以紅色或金黃色為主色較為吉利;顏色單調的地毯過於冷清,會使大廳顯得毫無生氣,不利於氣的聚集。

3. 圖案要根據自己的屬性和放置的方位來選擇。如圓形圖案屬金,直條紋圖案屬木,波浪形圖案屬水,星狀、棱錐狀圖案屬火,格子圖案屬土。

沙發比電視櫃高

在居家風水中,電視櫃為山,沙發為水,山高水低也是最好的風水。但是現在的居家中,電視櫃普遍比沙發矮,這便是有水無山的格局,必須化解。

在不可能改變沙發和電視櫃的情況下,可以在電視櫃一體的電視背景牆上做文章。背景牆上如果已經有壁紙,則不需改動,如果是空白的,可以掛幅畫或者擺放飾物,使電視櫃變相加高,以旺風水。

用沙發提升財運

客廳裡與人接觸最密切的物品,可能就數沙發了吧。如果想坐著招財納氣,那就一定要「善待」沙發,把沙發放在家中的財位。全家人都坐在其中,保證辦事順利。

有經濟實力的人可以找風水師到現場確定財位。而一般住宅的財位,就在大門的對角位,在此放置沙發也最合適,這樣坐在沙發上能

夠方便地看到大門。如果沙發背著大門擺放，則意味著「犯小人」，也就是有人在背後說自己壞話。

客廳的茶几

常見的開運茶几，一般多用石材或玻璃，象徵著權勢的穩定。而金屬材質的茶几，不易潮濕，如果鍍上黃金色，還可招來財氣呢！

茶几的形狀，以長方形、橢圓形為佳，圓形亦可，而帶尖角的菱形茶几最為不宜，特別是玻璃茶几，更忌尖角。

客廳的茶几，通常擺放在沙發旁邊或前面。從風水上來說，茶几擺放在沙發兩旁較為適宜，這樣的佈局猶如左青龍、右白虎相護持，讓沙發成為聚氣福地，符合風水之道。由於茶几的擺放取決於沙發的方位，茶几擺放在房子西北角，代表男主人的事業基礎穩固；如果在西南角則陰氣旺，說明家裡是女主人掌權。因為在客廳中，沙發是主，宜高大，茶几是賓，宜矮小。沙發較高相當於山，而茶几較矮相當於砂水，山水有情，才符合風水要求。如果茶几的面積過大，有喧賓奪主之嫌，不利風水，最好更換。放在沙發前面的茶几，以低平為佳，茶几的高度不宜過膝。除此之外，選擇茶几並不是千篇一律的，不同職業的人應該選擇不同的茶几，例如，從事創造、設計、演出行業的人，適宜選用木製的茶几；從事政界、金融等行業的人，適宜選用玻璃材料做的茶几；從事物流、運輸、外貿等行業的人，採用金屬銅製的茶几，從事教育、美容、化工等行業的人，宜選用藤製的茶几；從事地產、餐飲、醫藥等行業的人，宜選用塑膠製的茶几。因此，當你在給你的客廳選擇茶几時一定要注意風水的要求，千萬不能隨便選擇。

茶几與沙發配套

通常情況下，人們為客廳選擇沙發的同時也會選擇一個與沙發相配套的茶几，以作為待客、休閒時，放置茶水的地方。

1. 茶几的大小

在風水上，沙發為主，茶几為賓，茶几就如同沙發的周圍低矮的砂山一般，不宜太大，也應比沙發矮小。如放置在沙發前方的茶几高度最好與坐在沙發時的膝蓋高度相當，其長度和寬度都不應超過所對沙發的長寬。放置在沙發左右的茶几，應比沙發扶手略矮一些，其大小以填補組合沙發放置間的空隙為宜。

2. 茶几的形狀

通常茶几應選擇方形或橢圓形，以給人穩定的感覺。圓形雖然過大，但只要在空間上允許，也可以採用。最忌諱的是採用菱形的茶几，這種茶几的尖銳菱角會沖射坐在沙發上的人。

3. 茶几的材質

石材和玻璃材質的茶几象徵著穩重和權勢，被稱為開運茶几，擺放在客廳的西北角，可以使家庭的男主人事業穩固，擺在西南角，則會讓女主人掌握家中的當家大權。

另外，金屬材料的茶几因為不易潮濕，也很適合擺放在客廳，如果鍍上金黃色，也可以為家庭帶來財氣。

客廳組合櫃

客廳中的組合櫃主要是用來放置電視、音響、各種雜物的，雖然它在風水中的重要性比不上沙發，但是卻是與沙發相配套的一個組合。在客廳中，沙發一般相對矮小，而組合櫃相對高大，因而沙發如同水，組合櫃如同山。如果客廳中的組合櫃太過矮小，則會使客廳有水無山，故而不吉。

客廳組合櫃整體來說應該選擇高大的，如果家中已經選擇了較為低矮的組合櫃，可以在組合櫃上方的空牆上掛一幅橫向的畫，以從視覺上增強此方的高度。畫應以吉祥的圖案為主，如選擇有水的自然畫比較適宜。

除了掛畫，也可以在矮櫃上方的牆上釘些放物品的隔板，使其成為組合櫃的一部分，以增加組合櫃的高度。無論什麼材質，都應以圓形為主，也可以採用方形隔板，切忌使用帶尖角的隔板。

雖然客廳適合擺放高大的組合櫃，但如果客廳較小，卻擺放了一個高大的櫃子，勢必令客廳感覺狹窄，櫃子也容易有逼迫感。因而可以試著將組合櫃的高度略微降低，使其距離天花板有六十公分的空間，以利於氣陣流動。

如果仍想選擇高大的櫃子，可以選擇中空的櫃子。這種櫃子的特點是下方沉穩，可以放置一些較大體積的物品，上方的架子較輕靈，可以放置一些裝飾品或 DVD 碟片等，而中間有個較大的空間，用來擺放電視、音響。這種櫃子在一定程度上削弱了原有的實在感，有了更多的空間。

在組合櫃上擺放魚缸首先不宜過大，以方形最好，這才能在組合櫃上較為安全。魚缸的擺放不宜太高，太高不僅容易產生墜落的危險，還妨礙了對魚缸的養護。魚缸宜擺放在靠近窗臺的方位，這裡與走道相比較少人經過，較為安全，且靠近氣口，可以達到風生水起的作用。

當客廳寬敞時，選用了較為短小的組合櫃，其兩邊如果沒有放置物品，就會有大片空出來的空間，讓人感覺空曠。如果客廳的傢俱太過稀疏，氣就不容易在此聚集，故而應增加組合櫃兩邊的傢俱。

在組合櫃兩邊放置大葉茂盛的植物是能有效改善空曠的辦法。植物向四周伸展的枝葉，具有擴散作用。它們就如同組合櫃的青龍、白虎，同時又有生氣聚氣，納財聚氣的雙重作用。

組合櫃的風水意義

風水學認為，高者為山，低者為水。有山有水的佈局才是好風水的展現。因此，在客廳的佈局中不僅要有低的沙發，還應有高的組合櫃，以展現有山有水的好風水格局。

客廳中的組合櫃主要是用來放置電視、音響、各種雜物的，還可在上層擺放各式各樣的飾物，看起來既整齊美觀又實用。然而，人們常常掌握不好組合櫃與沙發的組合。

1. 組合櫃太高

如果客廳面積細小，擺放了這樣一個高身的組合櫃便會有壓迫擠塞之感。此時，可以改用半高身櫃，並讓櫃頂與屋頂保持大約 60 公分的距離，就會使客廳的格局大為改觀。可不要小看了這 60 公分。這 60 公分的空間在風水學來說相當重要，因為有了這 60 公分的空間做緩衝，那客廳中的「生氣」便有了足夠的迴旋餘地，可以來去自如，也不會有阻滯了，整個結構都會變得靈活起來。

2. 組合櫃太矮

如果客廳中採用了低組合櫃，那麼沙發與組合櫃都是矮的，就成

了有水無山的格局，因此必須設法改善。化解的方法就是在低組合櫃上擺放一張橫放的畫，使得組合櫃變相加高，至少比沙發高出一些，這樣既簡單易行也有效。

這些掛在低組合櫃上的畫，宜以山水作品為主，中式佈置的家庭宜選擇國畫，最好以意境深遠的高山流水為題材；西式佈置的家庭則宜選擇油畫、水粉畫等，宜選擇以意境閒適的森林湖泊為題材。

除了可以在低組合櫃上掛畫，也可以在裝修時把數塊層板分開釘掛在牆壁上，然後把飾物直接擺放在層板上，也可符合櫃高而沙發矮的風水原則。在細節上，還要注意這些擺放飾物的層板應該是疏落有致地隨意排列，材料上無論是木板、石板或玻璃板均可，但是形狀上要求宜圓不宜尖，不可選擇那些帶有尖角的層板。

組合櫃擺放

很多家庭都會在住宅裡面擺放組合櫃，選擇組合櫃的時候要注意組合櫃的顏色、材質和大小高低等方面的問題。

組合櫃的選擇要與客廳的大小相配，如果客廳比較大用小櫃顯得客廳很空洞，如果客廳小用大櫃則有壓迫感。

組合櫃與客廳不相配

一般來說，組合櫃與客廳的不相配主要存在下面兩種情況：

1. 客廳小，組合櫃大

雖然客廳適合擺放高大的組合櫃，但如果客廳較小，卻擺放了一個高大的櫃子，勢必令客廳感覺狹窄，櫃子也容易有逼迫感。因而可以試著將組合櫃的高度略微降低，使其距離天花板約 60 公分的空間，以利於氣陣流動。

如果仍想選擇高大的櫃子，可以選擇中空的櫃子。這種櫃子的特點是下方沉穩，可以放置一些較大體積的物品，上方的架子較輕靈，可以放置一些裝飾品，而中間有個較大的空間，用來擺放電視、音響。這種櫃子在一定程度上削弱了原有的實在感，有了更多的空間。

2. 客廳大，組合櫃小

當客廳寬敞時，選用了較為短小的組合櫃，其兩邊如果沒有放置物品，就會有大片空出來的空間，讓人感覺空曠。如果客廳的傢俱太過稀疏，氣就不容易在此聚集，故而應增加組合櫃兩邊的傢俱。

在組合櫃兩邊放置大葉茂盛的植物是能有效改善空曠的辦法。植物向四周伸展的枝葉，具有擴散作用。它們就如同組合櫃的青龍、白虎，同時又有生氣聚氣，納財聚氣的雙重作用。

組合櫃上放魚缸

一般來説，魚缸適宜擺在低組合櫃上。在擺放時，宜將魚缸擺放在低組合櫃櫃頭靠近窗口的那一邊。這裡與走道相比較少人經過，較為安全，且靠近氣口，可以達到風生水起的作用。假如窗口是在組合櫃的左方，那就應把魚缸相應地擺放在櫃頂的左角，而倘若窗口是在組合櫃的右方，便應把魚缸相應地擺放在櫃頂的右角。

此外，用於擺放在低組合櫃上的魚缸，面積不宜太大，形狀上以長方形為宜。另外，魚缸的擺放也不宜太高，因為太高不僅容易有墜落的危險，還妨礙了對魚缸的養護。

用五行擺放電視

選擇電視擺放的方位時，應首先看時常在此看電視的人的五行屬性。如果五行屬水，則人應該坐在北方看電視，而電視就應放置在相

對的南方；如五行屬木，則人應該坐在東方或東南方看電視，而電視就應放置在相對的西方或西北方；如五行屬火，則人應該坐在南方看電視，而電視就應放置在相對的北方；如五行屬土，則電視可以放在東北方或西南方；如五行屬金，則人應該坐在西方和西北方看電視，而電視就應放置在相對的東方和東南方。如下表所示：

看電視人的五行	看電視人的方位	電視的擺放方位
水	北方	南方
木	東方、東南方	西方、西北方
火	南方	北方
土	北方、西南方	東北方、西南方
金	西方、西北方	東方、東南方

電視背景牆方位

電視背景牆除了能達到裝飾美化客廳的效果，還包含著相當的風水內涵。

風水學中包含了震命、巽命、離命、坎命、坤命、兌宅、乾命、艮命八種卦命，不同的卦命對應的房子也有風水上的差異。對震宅、巽宅、離宅、坎宅這東四宅而言，電視背景牆的最佳擺放位置在正西、西北、正北、正南這四個方位。而對坤宅、兌宅、乾宅、艮宅這西四宅而言，它應該擺放在東北、正東、東南、西南四方。

電視背景牆不能放置在財位上，財位代表清靜和安定，而電視機的嘈雜會對其造成影響。另外，電視背景牆不能正對著窗戶或者是設置在開窗的牆面上，否則一方面難以旺丁旺財，另一方面也會對視力造成傷害。

電視背景牆顏色

向東的客廳，木氣旺盛，電視背景牆要用代表土的黃色為主色；南向的客廳，電視背景牆的顏色適宜選擇白色，能有效地消除太陽直射產生的燥熱；西向的客廳，下午受強烈的陽光照射，要用清淡護眼的綠色做電視的背景牆，北向的客廳，電視背景牆要以紅色為主。

用文化石做電視背景牆

對震宅、巽宅、離宅、坎宅這東四宅而言，電視背景牆的最佳擺放位置在正西、西北、正北、正南這四個方位。而對坤宅、兌宅、乾宅、艮宅這西四宅而言，它應該擺放在東北、正東、東南、西南四方。

電視背景牆不能放置在財位上，財位代表清靜和安定，而電視機的嘈雜會對其造成影響。另外，電視背景牆不能正對著窗戶或者是設置在開窗的牆面上，否則一方面難以旺丁旺財，另一方面也會對視力造成傷害。

用文化石做背景牆已經成為很多家庭的選擇，它不僅可以吸音，

避免電視、音響對其他房間的影響，還能形成強烈的質感對比，增強居家的現代感。但是，如果採用的是帶有尖銳邊角的文化石，則會形成「煞」相，要儘量避免，多採用紋理較為平滑的石材。

　　為了防止造成心神不寧，不要對電視背景牆進行凌亂的分割。無論採用何種石材，其造型要以圓形、弧形和線形為主，方能使家庭和睦幸福、平安合諧。

飲水機

　　飲水機作為現代家庭中不可或缺的一部分，在客廳擺放時應注意避開人來往過多的地方，如大門口，門直接對著飲水機，對財運不利。

　　最好的地方是客廳中比較安靜的，多在此飲水、休息的角落，方便飲水，並給客人泡茶。但要注意遠離冷氣機、空調、垃圾桶、神位。更不要將飲水機放置在火力旺盛的廚房。

　　風水學認為，飲水機放北方是最符合風水之道的，能利於提升財氣。放置在西南方，能利於女性的財運；放置在東南方，也可以提升財運；放置在東方，對男性的幫助較大；放置在南方，則容易出現好壞交替的現象。

客廳裡的桌子擺放

　　客廳中間擺放桌子要選擇方形的，給人一種正直穩重的感覺。客廳的桌子不能選擇形狀不規則的，不規則的桌椅會給客廳的風水帶來

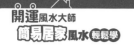

不好的影響。在材料的選擇上，最好不要選擇玻璃製品，透明狀的物品總會給人不踏實的感覺。

空調的風水作用

空調在五行中屬於金，和冰箱一樣。由於空調所釋放出的風，會製造風水磁場，而且一般家庭用空調至少四個月以上，所以它對居家風水影響很大。但是，如果空調不啟動，就不會影響到住宅的風水。

空調擺放方位

現代住宅在建樓時，已經給房間留好了空調的位置。如果想利用空調將居家風水營造得更好，就需要動一番心思了。

空調本身屬金，家庭成員哪一個需要金，就將空調放在成員所屬的方位，便是最有利的風水擺設。例如母親需要金，就把空調放在西南方。除了這種方法，還可以配合流年的財位擺放。當然，每年的財位不同，但空調不可能每年變動，所以，如果空調位於大凶方的話，就要在空調旁放置風水物，化解二黑五黃。

另外，讓空調的風口向上吹也會對居家風水有利。因為風向上，能使氣流由天花板旋渦而下，這樣動而不散的氣流形式最好。

二手房裡的空調

有的二手房裡留有傢俱和空調，新居住者接著直接用，當然也包括空調。這樣做其實對健康和居家風水都不好，因為長時間不用的空調上會積聚很多的細菌和黴氣，如果不清洗就用，對全家人的健康都會有害。另外，空調上沾染的是別人的氣場，開啟後釋放的是與你本

身完全不相同的氣場，或完全不相同的氣味，對風水也不利。所以，如果不安裝新空調，就必須將原來的空調徹底清洗。

客廳擺放神位

　　單純就方位來説，飲水機放北方是最符合風水之道的，能利於提升財氣。放置在西南方，能利於女性的財運；放置在東南方，也可以提升財運；放置在東方，對男性的幫助較大；放置在南方，則容易出現好壞交替的現象。

　　神位是極其神聖的地方，容不得有絲毫的不敬，因而家中要嘛不擺放神位，要嘛就一定要十分講究。

　　首先神位的坐向應該與房屋的坐向一致，神位也不可朝著牆擺放。在客廳中神位不適合擺放在梁下，不可以有柱子、牆角、屋角、水塔、電線杆沖射，不可對著廁所、廚房、臥室，其背後的牆不可使用爐灶或馬桶。

　　選擇好安神位的方位後，應選擇好吉日吉時安設神像，並恭敬地擺放。設好神像後，宜每日誠心燒香，初一或十五為其擦拭清潔，但不要任意移動其位置。供奉的神像不可太多，如果有破損應及時修補。

　　神像前切忌有吊燈遮住視線，也不能有日光燈直射。其前方不可放魚缸、鏡子，其下方不可擺放音響、電視、座位、垃圾。神桌上不適合擺放藥品和雜物。

時鐘的風水作用

　　時鐘作為現代居家中不可或缺的一部分，它既有八卦的功能，也有風水的效應。尤其是帶鐘擺的掛鐘，鐘擺的搖動和指標的走動，可以給生活帶來節奏和規律感，也可以清新和提振家中的氣能。但時鐘

是時常在動的物品，如果不小心放在了宜靜或兇險的方位，將對風水不利。

1. 時鐘的方位

時鐘不宜掛在客廳正中，容易讓人產生不吉利的感覺，所以最好掛在進門的側面，而且不要向著其他鐘錶、或是形狀與八卦類似的東西，否則會達到壓制的反作用。

根據風水學上的方向定位，時鐘可以掛在客廳的朱雀方和青龍方。朱雀方是客廳的前方，是視線容易到的方位，能使人方便地看到時間。青龍方是客廳的左方，是吉祥方位，可以放置動的物品。而客廳的後方為玄武方，宜靜，故而不應懸掛時鐘；客廳的右方是白虎方，為凶方，也不適合懸掛時鐘。

2. 時鐘的顏色和形狀

客廳的各方位有其自己的屬性，如能與之相配合懸掛時鐘，能增強該方位的吉祥程度。

北方屬水，適合懸掛或擺放藍色、黑色為主的時鐘，形狀以圓形為最佳。東北方和西南方屬土，適合懸掛或擺放黃色、咖啡色為主的時鐘，形狀以方形為最佳。東方和東南方屬木，適合懸掛或擺放綠色、青色為主的時鐘，形狀以方形為最佳。南方屬火，適合懸掛或擺放紅色、紫色、橙色為主的時鐘，形狀以八角形為最佳。西方、西北方屬金，適合懸掛或擺放白色、金色為主的時鐘，形狀以圓形為最佳。

3. 時鐘的大小

居家環境通常不會太大，因而不需要選擇太大的時鐘。如果時鐘過大，容易導致人心緒不寧，坐立不安，長此以往，容易使人變得神經質。古舊的擺鐘不適合在家中使用，一來它製造的巨大聲響容易使人受到驚嚇，易出現心神恍惚的情況；二來它巨大的體積有喧賓奪主的意味，可能導致家中長輩沒有威嚴，子女忤逆的現象。

時鐘補金

　　時鐘在五行中屬金，如果家中有五行缺金需要補金的人，則可利用時鐘的金能量對其進行補充。首先要找出家中誰是最需要金的人，再找出八卦中與此人相對應的方位，在此方位懸掛時鐘即可。如家中最需要補金的是父親，在八卦中父親的卦位為乾位，乾位為西北方，即可在西北方懸掛或擺放時鐘。

時鐘化解飛星煞氣

　　時鐘雖然是動的物品，但是卻有化解五黃二黑的功能。如果將時鐘放置在流年二黑星和五黃星飛臨的方位，即可化解凶星的煞氣。如2009年的流年星為九紫星，據此推斷二黑星所在方位為西方，五黃星所在方位為北方。如果這兩方有形煞時，宜將時鐘擺放在此處，以化解雙煞帶來的巨大煞氣。

擺放太多的時鐘

　　無論是在臥室還是客廳，只要是在一個房間中，就不適合擺放太多的時鐘。它們不停地走動所產生的能量波動，會影響家庭的和睦氣氛，久而久之容易造成家人焦躁不安，影響睡眠。故而無論是客廳還是臥室，最好只擺放一個時鐘，即使是很小的迷你時鐘。

擺放古董

　　如今生活水準提高了，為了增加生活情趣或者出於個人愛好，有

些人喜歡收藏古董，於是把古董擺在客廳的每個角落，供平日裡欣賞。在風水學上，客廳裡塞滿古董，很容易影響到家人的健康，做事也不順心，有時還會有一些怪異的事情發生，使家人情緒難以穩定。在客廳擺放古董是不利的，所以一定慎重考慮。

養魚

　　金魚常被稱為風水魚，可彌補居家風水上的缺陷，並令住宅充滿活力。而水有生命之母之稱，是影響居家風水好壞的重要條件，房子就像人，有了水就可以氣場順暢，居住者也更加健康。所以，條件允許的話，最好在客廳放個魚缸，養幾隻可愛的金魚，即賞心悅目，又可以事事順心，何樂而不為呢？

　　客廳裡擺放魚缸非常有講究。第一，魚缸的大小須適中；第二，周圍不能堆放其他雜物，魚缸上邊不能擺放財神；第三，根據當年的財位元擺放，還要結合個人的命卦而改變位置；第四，不能正對著爐灶，因為爐灶屬火，與水相剋；第五，不能有死魚；第六，魚缸裡的水必須是流動的，而且流動的方向要向屋內流，而不是向外流。

　　儘管在家裡放魚缸可聚財，但是火命的人最好不要在家裡放魚缸，由於水火相剋，對健康甚至生命都有威脅。所以，想在家裡養魚的話，最好查一查萬年曆，看看自己的五行喜忌，家中有禁忌者應避免放置該屬性物品。五行喜忌火忌水、水忌土、土忌木、木忌金、金忌火。居住者的五行有特別忌諱者，家中都應避免。

客廳的魚缸旺宅

　　魚缸象徵的是財，魚缸是否擺放對了位置，對財運很重要。大原則是，魚缸需放在水的生旺方才吉利，如果放在了凶方，則不吉反凶。

因而如果不瞭解飛星，最好不要在家中養魚。

　　根據九星飛布情況，魚缸應該擺放在流年的財位上。如要更為準確，還需根據每個人的命卦進行調整。

　　確定了擺放的位置，還應注意魚缸的水應向著屋內流動，而魚缸中魚的數目最好根據命卦決定。

客廳裡的植物

　　在客廳擺放植物，可以製造氧氣、美化環境，還可以營造生機勃勃的氣氛。客廳的植物不必強求四季鮮花，但必須常綠常青，最好選擇葉子闊大厚實、生命力強的花卉。例如富貴竹、發財樹、蓬萊松、羅漢松、七葉蓮、棕竹、君子蘭、蘭花、仙客來、柑橘、巢蕨、龍血樹等，這些植物在風水學中為「吉利之物」，可吉祥如意，聚財發福。客廳擺放的植物不宜過多，不然顯得雜亂且不好管理。

　　客廳擁有比較大的空間，因而適合擺放一些大型的植物。但擺放植物的多少要以客廳的大小來決定，如太多會使客廳過於陰鬱，如太少則使客廳缺乏靈氣。

　　一般來說，八平方米的房間可以擺放一個植物，十平方米的房間可以擺放兩盆植物，二十平方米的房間可以擺放三盆植物，也可以再搭配一個小盤植物。

　　此外，如果家中不需要化煞，忌擺放仙人掌類的尖細葉片植物，否則會引起口舌糾紛；蕨類和葛藤類的植物也不要種，此類植物較陰，若長得茂盛，家中易招惹「不乾淨」的東西。而且無論在客廳擺放什麼植物，都不能讓它枯萎在家裡。因為室內的花草代表著家裡的財氣和家人的健康狀況。看到枯謝的花朵或枝葉，要及時剪除，如果花草將要枯死，要及時移到屋外去。

裝飾畫的選擇

現代居家中，牆壁掛畫也日益成為客廳佈局的一個重要組成部分，一方面，它能增添客廳佈局的美觀性，另一方面，它也是化解不良風水的好幫手。然而，如果選錯了裝飾畫的圖案，就不僅達不到化解不良風水的效果，還可能毀壞住宅的風水。

1. 顏色不宜太深

客廳不宜懸掛顏色太深或是黑色過多的圖畫，會讓人產生沉重感，導致家人意志消沉。

2. 意境不能太蕭條

意境蕭條的畫也不適合懸掛，如深山古　、夕陽餘暉、大漠孤野、枯藤老樹等，容易給人暮氣沉沉、孤僻高傲的感覺，不利於人際關係和小孩人格的發展。

3. 兇險的猛獸畫不宜選

客廳的裝飾畫不適合有各種猛獸，牠們太過兇險的戾氣不利客廳風水，容易引起血光之災。

此外，客廳中也最好不要懸掛過多的人物抽象畫和紅色為主的圖畫，會影響家人的健康。在懸掛山水畫時，畫中的水流方向切記不能朝向門外。風水中一向有水主財的說法，如果水流朝外，會導致財氣流失。

總之，在選擇客廳的掛畫時，宜選擇寓意吉祥的畫作，例如「三羊圖」、「九魚圖」、「百鳥朝鳳」、「百駿圖」、「猴王獻瑞」等。另外，各種花卉和湖光山色的風景畫也比較適合掛在客廳。

客廳裡的鏡子

很多人喜歡在家中擺放鏡子。不過，我們一定要注意的是，客廳裡面是不可以隨便亂放鏡子的。尤其是客廳的對角處，在對角處放置鏡子，不但會阻礙家人的運勢，例如財運、學運等，而且還會招致意外災禍降臨，破財傷身，嚴重時還會人命喪生、家財破敗。

掛猛獸圖需知

有一些人喜歡在自家的客廳裡面懸掛龍、虎、鷹等猛獸圖，彰顯自己的氣勢。如果，你也有這樣的愛好，就要注意了，一定要將畫中猛獸的頭朝外，這是為了保護自己的住宅，如果頭朝裡，則「養虎為患」，會威脅到自己，而且還會給家人帶來意外的災難。

不過，如果你懸掛的是山水、花草鳥魚或馬，鶴、鳳等吉祥動物，就無須忌諱什麼了。

照片擺放注意事項

如今，越來越多的人喜歡拍照，不管是旅遊帶回的風景照，還是個人的藝術照，數量都相當可觀。很多人喜歡將這些照片懸掛或放置在客廳裡，以便與來家中的朋友一同欣賞。但是，風水學上認為，客廳不宜懸掛陰性的照片，例如夫妻恩愛的照片等，這些照片掛在客廳裡面，就是犯了風水方面的大忌。情況嚴重的時候甚至還會影響到家人的事業運和財運，還有可能導致夫妻反目。所以，千萬不要隨隨便便把照片懸掛在客廳裡面。

客廳裡的裝飾品

　　風水學認為，一般情況下，客廳的掛飾應以輕鬆、活潑的為主，不可以把尖銳的物品，例如刀劍、火器、動物標本等掛在牆上。否則，這些物品所產生的陰氣，會導致家庭糾紛或暴力行為出現。所以説，有稜角的裝飾品都最好不要掛在客廳裡面。

客廳裡屏風的擺放

　　如果客廳裡面要放置屏風，那麼最好是選擇木質的，例如竹屏風和紙屏風。屏風的高度不能超過一般人站立時的高度。否則會給人一種壓迫感，形成心理負擔。不要選擇金屬材料的屏風，因為金屬的磁場不穩定還會干擾到人體的磁場，對家宅的風水和家人都是十分不利的。

第七章

臥室

臥室的風水作用

現代科學研究顯示，人體本身產生的能量流不斷流動會形成一層「氣場」，相當於給人體穿上了一層盔甲，而這種「氣」在人進入睡眠狀態時最弱，也最容易被外界不良因素所侵入。

睡眠的地方都在臥室，而人每天需要 6~8 個小時的睡眠，這也就意味著人在臥室中停留的時間大約是 6~8 個小時，是停留時間最長的空間，如果不好好佈置臥室的風水，將對人體的氣造成很大的損害，進而損害人們的健康和運勢。

臥室的方位

人們在佈置臥室時應根據自己的需要來安排，如果顛倒方位可能對自己的運勢產生不利影響。

一般來說，住宅的西南和西北兩個方位的臥室能夠提高居住者的責任感和成熟度，對家庭中的成年人非常有利，使其更容易在生活和工作中得到他人的尊重。

而對於有失眠現象的人來說，位於住宅北方的臥室可以使其安靜下來，使失眠的情況得到很好的緩解。

此外，家中年輕人的臥室位於住宅的東部或東南部，而夫妻的臥室則適合位於住宅的西部。

臥室大小

　　風水學中講究「藏風聚氣」，自古以來也有「宅小人多氣旺」的說法，相對較小的臥室更有利於防止氣場的流失，確保身體健康。

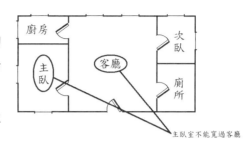

主臥室不能寬過客廳

　　如果臥室的面積超過了二十平方米，就變成了屋大人少的凶屋。因為房屋面積越大，人消耗的能量也就越多，這就是傳統的大房子會吸人氣的說法。人就會因耗能過多導致抵抗力下降，判斷力下降，精神不振。

臥室的形狀

　　風水學認為，臥室的形狀最好是方正的，有利於通風，但是也不宜太狹長。臥室的格局與感情有著密切的聯繫，如果臥室並非方正的格局，不僅戀情發展不穩定，還會導致戀愛雙方脾氣暴躁，缺乏耐性。尤其是狹長的臥室，會讓人變得孤僻、冷漠。

　　為了化解這種影響，可以設法將臥室變得規則。對於較為狹長的臥室，可以隔出一個更衣室、儲藏室或者專門的工作空間。如果臥室有尖角或者斜邊，可以在尖角的地方用布簾加以掩飾，還可以利用斜邊設置擱架或書架。

臥室呈刀形

　　什麼是刀形的臥室？就是說有些臥室進門後要經過走道才能看到

床，這樣的臥室就是刀形的臥室，走道就是刀柄。刀形臥室不利居住者的健康，不過如果刀柄正好位於當旺的方位，則是吉利的。

化解刀形臥室煞氣的方法是在刀柄的位置放置一對麒麟或一塊石敢當，或懸掛化解五帝錢。

臥室的主色調

從心理學的角度來講，臥室的顏色應該使用柔和的、避免有強烈刺激的色彩，如此才能利於睡眠。最好不要弄得五顏六色，宜統一色調。在看油漆色板的時候，應注意在色板上看起來比較淺的顏色，可能會偏深。最好選擇每個色板中最淺的那一種顏色，才不會在刷出來後產生突兀感。

但是，從風水學住宅方位的角度來講，臥室顏色的選擇可以根據臥室的朝向決定。

臥室方位	適合顏色
坐北	灰白色、米色、淺粉紅色、淡紅色
坐東北	淺黃色、鐵　色
坐東或東南	淺藍色和淺綠色
坐南	淺紫色、淺黃色或灰色
坐西南	淺黃色、淺棕色
坐西	淺粉紅、白色、米色
坐西北	灰色、白色、淺粉紅、淺黃色、淺棕色

除此之外，臥室主色調的選擇還應匹配居住者的五行，以彌補居住者所缺的五行。

居住者所缺五行	臥室顏色
水	淺藍色
木	淺綠色
火	淺粉色或淺紫色
土	淺黃色或米色
金	白色或灰色

臥室有橫梁

無論是住宅中的哪個房間都忌諱有橫梁存在，臥室更為忌諱。因為它會令居住者承受巨大的精神壓力，始終處於緊張不安的狀態中。尤其是當橫梁壓床的時候，會對居住者產生很大的危害。

如果是夫妻，就可能導致夫妻間爭吵不斷、處處猜忌；如果是老人或小孩，就可能導致他們身體虛弱，發展受限。

化解的辦法是用天花板將橫梁隱藏起來，如果房間不夠高，可以用布將橫梁包裹。如果橫梁在床頭部位，最好在床頭兩邊放置床頭櫃，並多放枕頭、靠枕。

臥室的光線

一般情況下，臥室白天應該保持明亮，晚上可以適當昏暗，這樣才能讓人好好休息。

在白天，必須要讓陽光照射房內，不能長期不見陽光。如果房間經常處於光線弱的情況，人就會意志消沉，迷糊不清，做事不理智，還會造成情緒抑鬱，已經處於重壓力的人更是雪上加霜。同時不利於生病的人健康痊癒。

此外，如果光線過亮，會影響人的起居睡眠，難以放鬆，長久下來容易脾氣暴躁、引發爭吵。所以，窗簾布要使用隔光效果好的材料。

臥室的光源

「明廳暗房」，是陽宅風水上的原則，意思是客廳的採光要儘量明亮，而臥室則需要相對柔和的光源。因為臥室是休息的地方，太強的光線會使人心神不寧，影響到休息和睡眠品質。

在選擇臥室的光源時，應儘量少用日光燈，最好採用白熾燈來照明。臥室的大燈不宜位於床鋪的正上方，容易引發腸胃問題。若需要設置夜間的照明光源，切忌光源直接照在臉上。正確的做法是將光照向天花板，利用反射的光線達到照明的效果。

雖然要「明廳暗房」，但如果臥室是一間黑屋子，始終不會給人好的感覺。臥室最好還要有一扇面向室外的窗戶，好讓室外的新鮮空氣與室內的混濁空氣進行交換，保持良好的通風效果，才利於健康。明亮的窗戶也利於讓人明辨晨昏，不至於日夜顛倒，以培養良好的磁場和動力。

臥室的燈具

臥室的氣氛應該是溫馨、舒適的，所以要採用柔和的燈光，以便於閱讀為宜。燈光以暖色光為主，少用寒色光或螢光燈，這樣對夫婦感情有益。

一般來說，燈具的顏色，可選用乳白色或淡黃色，這些燈具接近光源的顏色，讓人感覺更加舒適。如果夫妻常有爭執，可以選用天藍色的燈具，因為藍色有祥和的作用，可讓人心境平和，享受溫馨。

臥室的窗戶

窗戶是臥室重要的藏風納氣之地，並對臥室光線的強弱有著十分重要的影響。窗戶如果朝向東或西，早上和下午會有強烈的光線射人，影響休息。如果窗戶能朝向南或朝向北則比較理想。

臥室窗戶不宜過多，它在帶人新鮮的空氣和明亮的陽光時，也可能會帶人煞氣。窗戶上最好能安裝厚窗簾，一來抵擋煞氣，二來隱藏私密，三來削弱強光，是減少窗戶危害的最好方法。臥室的視窗不能掛風鈴，否則容易令人頭暈，心浮氣躁。

臥室設置落地窗

有些人為了追求時髦，而將臥室的窗戶設計成了落地窗。然而，臥室的功能主要是用於睡覺，落地窗雖然能看到更多的景致，但巨大的窗戶可能在夜間變成一面巨大的鏡子，而落地窗的懸空感也會給人帶來緊張感。尤其在半夜睡醒後，落地窗可能給人帶來錯覺和不安全感。

另外，由於玻璃結構不容易保暖，這就致使處於臥室的人需要耗費更多的能量。同理，臥室的陽臺也有這樣的問題。因而有落地窗和陽臺的臥室都不宜居住。如果臥室裡已經有落地窗和陽臺，應安裝上不透光的厚窗簾，並在睡覺前關上窗簾。

臥室的窗臺高度

　　臥室的窗臺不能太低，這樣會帶給人一種不安的情緒。臥室是休息的場所，要營造一種溫馨的氛圍。如果臥室的窗臺與床的高度相當或者略高，可以把窗戶的下半截裝上不透明的玻璃，或者在窗臺上適當擺放一些盆景以阻擋視線。

臥室連陽臺和落地窗

　　現代住宅的臥室為了通風採光和追求西洋效果，一般會設計大落地窗或陽臺，其實，這樣的結構恰好對人體不好。它會增加睡眠過程中的能量消耗，造成人體的疲勞、失眠。因為玻璃結構無法保存人體熱能，這和露天睡覺容易生病是同樣的道理。

　　一些科學家透過特殊攝影方法，拍攝了人體能量場光譜後也發現，睡在普通的臥室能量場比較強，而睡在帶有陽臺的臥室能量場則弱，由此證明，睡在玻璃結構多的房間對身體無益。如果臥室連著陽臺或落地窗，最好經常用厚窗簾遮擋起來。

臥室門

　　一個安靜、舒適的休息環境，才是好的臥室的展現。而門是隔絕臥室與其他環境的重要屏障，一定要有較好的密閉性。

　　門最好不要對著人來人往的大門，也不要對著產生污濁的廁所或油煙四散的廚房。如果臥室門經常打開，而又對著大門、廚房、廁所，則應在兩者之間設置屏風或門簾，以將它們隔絕。

　　此外，臥室的私密性決定了臥室不適宜開設兩扇門。這是因為如果臥室有兩扇門，則如同房屋既有前門也有後門一樣。這不是能夠「藏風聚氣」的好格局，它會令從一個門進來的生氣，從另一個門流走，

不利於財運。另外臥室是夫妻的居室，如果有兩扇門則如同給了更多的人進入的可能。這種漏氣的格局，不僅可能導致夫妻不和，嚴重的還可能招致爛桃花來破壞家庭。

臥室門的朝向

臥室門的朝向有什麼講究呢？主要有以下四點：

1. 臥房的門不能對著大門，因為臥房是個需要安靜和私密的場所，大門外經常有人走動，會給臥室帶來不便，另外，大門對房門在風水上形成「穿堂煞」，會對主人的健康和財運帶來厄運。

2. 臥室的門不可對著廁所，廁所產生穢氣和濕氣，會污染到臥室的空氣，對健康不利。

3. 臥室的門不可對著廚房，廚房的油煙和濕熱之氣會危害到健康；而且廚房屬火，不宜與臥房相鄰。

4. 兩個臥室的門也不宜相對，否則家人容易發生爭吵。

臥室的顏色

臥室應該是一個能夠讓人心情平靜的地方，所以顏色應該以淺淡、素雅、溫暖為主。忌太過鮮豔，也不要佈置得琳琅滿目，過度豪華，更不能用閃閃發光的飾物。

過於鮮豔的顏色對人體神經有刺激作用，除了天藍色可以平靜心神，其他的都不宜採用。如黑白色調的臥室，會讓人產生憂鬱和消極的心理，晚上容易做噩夢，對身心不健康；鮮紅色會激起人意識中的暴力傾向，讓人脾氣暴躁，不利於人際交往，對事業發展不利。

所以說，臥室最好用粉紅色、淺黃色、淺橙色、淺綠色等，對心理沒有刺激作用的顏色。

臥室的鏡子正對著床

因為鏡子具有反射和吸納的作用，所以常常用來擋煞，把煞氣反射回去；或者是旺氣不足時，用鏡子來吸納旺氣。有些人將臥室裡的梳妝檯或衣櫃上的鏡子對著床鋪。其實，鏡子對床是健康和夫妻感情最大的死敵，應該儘量避免。

從健康角度來説，人在睡覺時氣場最弱，旺氣如果再被鏡子吸走一部分，第二天起床精神一定不會好。而且，半夜醒來，看到鏡子裡的反射也會嚇到。所以，最好把鏡子移開。

如果不怕麻煩的話，也可以找一塊布，睡覺時把鏡子蒙上，需要時再拿開。如果鏡子在衣櫃上，可以將鏡子移到門內。這樣，在穿衣服時，就能照到鏡子了。

臥室牆面的材質

臥室是休息的地方，應該佈置得儘量溫暖一點。玻璃、金屬、大理石等材料，不僅給人冰冷的感覺，還會反射氣場，不適合作為臥室牆面的處理材料。矽藻土材質有很強的物理吸附性和離子交換性能，成為會呼吸的牆壁，讓人感覺平靜，利於休息。

臥室的牆上貼瓷磚

有些人為了好看或者便於打掃，便將家中的廁所和廚房的牆壁貼上瓷磚，更有甚者在裝修的時候將臥室裡也貼上瓷磚。前者貼瓷磚可以理解，但後者貼瓷磚就會給人涼冰冰的感覺，而且，瓷磚也容易破裂和脫落，這反而會對家裡的財運有不好的影響。

根據五行挑選床

　　一所住宅中，臥室是人們每天待得時間最長的地方，而床又是臥室中人們待得最長時間的傢俱。因此，如果床能與人的五行相協調，則大利人體健康。

居住者五行	床	臥具
水	能生旺水的銅床	藍色、白色或綠色
木	水能生旺的木床	綠色、黃色或藍色
火	與自己相同屬性的木床	紅色、綠色或黃色
土	能生旺火的木床	紅色或黃色
金	能透過生旺火進而讓火生旺土的木床與自己相同屬性的銅床	藍色、白色或黑色

　　此外，要注意的是，如果使用黃色，則需注意黃色是屬土的顏色，雖然火能生土，但土也會招來五黃和二黑凶煞，因而使用黃色時，應該在床頭加少量屬金的物品，以化解土的力量。

床的高度

　　床的高度應該是以方便人上下為宜，選擇的標準是略高於就寢者的膝蓋，一般為 40 到 50 公分。如果床過高，會造成上下困難，而過低的話，則容易受潮，使寒氣和濕氣輕易入侵人體，難以安睡。

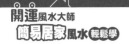
臥室裡鞋子擺放

為了方便，許多人喜歡將鞋子放在臥室，以便上街前選擇合適的鞋來搭配衣服。但穿著上街的鞋因在不同的地方經過，會沾染金、木、水、火、土五行之氣，致使五行雜亂，容易擾亂臥室的氣場。特別是鞋子可能帶著一些不好的氣場，更會不利於居家生活。

不過，沒有穿過的鞋子和在家中穿的拖鞋是可以放在臥室的。

地毯

在臥室中鋪設地毯時要注意一些要求。現在很多人為了讓居室充滿溫暖的感覺，會選擇在臥室中鋪設地毯。雖然地毯有柔和的觸感，但卻容易潮濕、生黴氣。

尤其是那些長絨地毯，是很容易滋生細菌的，會導致氣管生病。所以最好不要在臥室中鋪設地毯。如果非要鋪設的話，也必須經常清洗和晾曬，以減少其中的濕氣和黴菌。

臥室裡的魚缸擺放

臥室裡擺放魚缸，會造成臥室的陰寒氣嚴重，會影響夫妻之間的感情，使夫妻之間產生矛盾，而且臥室裡擺放魚缸產生的潮氣會對女性的生育造成不利的影響。久而久之，夫妻間就會爭吵不斷，最終導致夫妻反目成仇。

臥室裡的植物

在家裡擺放幾盆花卉，不僅可以美化環境，還能讓居住者身心愉

悅。但是，你知道哪些花卉不適宜放在居室裡嗎？這樣的植物，大概可以分為三類。

1. 有些植物的花朵散發出濃烈的香氣，使人興奮或呼吸困難，例如蘭花、月季，百合。

2. 有些植物本身或花粉有毒，接觸多了引起皮膚過敏，頭髮脫落，甚至中毒，這類植物有紫荊花、含羞草、夾竹桃、洋繡球花、鬱金香、花杜鵑等。

3. 還有一類是特殊人群不能接觸的花草，例如夜來香夜間散發的微粒，使高血壓和心臟病患者病情加重，松柏類花木的芳香氣味對人體的腸胃有刺激作用，會使孕婦感到心煩意亂，噁心嘔吐，頭暈目眩。

多扇窗

現代住宅的窗戶有的玻璃窗是推拉式的，有分開的兩扇或多扇的情況。其實從風水的角度來看臥室裡最適合用整扇的窗戶。如果臥室裡用多扇玻璃窗組成的窗戶，不僅風水不利，而且會做事不順，多有分歧。

裝飾品

風水學講「萬物有其形，就有其象，有其象就有其意。」因此，臥室內不宜擺設兇猛的圖畫，及標本擺飾，如老虎、老鷹等，也不宜擺設刀劍等尖銳器物，甚至不要擺放像鐵樹、仙人掌等尖銳的盆栽。這些兇猛尖銳的飾物擺放在臥室，會引起是非，致使夫妻不和睦，家庭事端多。

此外，臥室裡擺放裝飾品的時候要注意選擇裝飾品的顏色，因為臥室裡不宜有金色，銀色等閃閃發光的裝飾品，鮮花不能擺放在床頭。

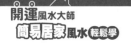

床頭放花，會犯桃花煞。如果夫妻都有外遇，就會導致家庭破碎。

臥室裝飾禁忌

在臥室千萬不要使用圓形的裝飾圖案，尤其是圓形的床頭、圓形的天花板都是不吉利的。被單、床罩不宜使用龍鳳圖案，除非其上有天，否則會有被壓的感覺。臥室的地板最好使用淺色。

音響的擺放

音響放在床頭，聽音樂時，聲音的立體效果比較好。但是，你的腦細胞卻在悄悄地為你的享受而死亡。可見，聽著音樂入睡是多麼不好的習慣。如此醒來，做事也不會一帆風順吧？所以說，不要讓音響陪著自己入睡，讓它的電磁場干擾你的腦細胞。

多種電器

臥室內電器過多在風水上被稱為「火宅」，影響健康。從現代醫學理論來講，電器都會產生電磁波，影響人體的磁場，干擾睡眠，進而影響人體健康。所以，臥室內電視、電腦一類輻射性的設備，以及其他電器，不要過多，更不要對著床。

「帝王之宅」

如果將住宅比作人體的話，那麼屋子的正中央就如同人的心臟，是最重要的所在。所以屋子正中央，不宜擺設重物。但是如果已經隔有房間的話，那麼這個位置空置不用了也是大凶．屋子中央不可用來

當天井、浴廁或廚房，倒是可以用來當客廳、起居室或臥室，而且現代居家風水學都認為，睡在位於套宅中央的臥室，乃帝王之兆，是發展仕途的最好選擇。

「蒸蒸日上」的臥室

　　兩室一廳或多室的住宅中往往會有一間或兩間臥室緊鄰廚房，一般家庭會將床靠在臥室與廚房的隔牆上。廚房五行屬火，其性為炎，靠近廚房的住戶每晚「蒸蒸日上」，脾氣暴躁不安，身體、體力、思想狀況各方面每況愈下，事業和學習都會大受影響。尤其是廚房上面是臥房的，情況會更加糟糕。

第八章

兒童房

兒童房方位

在選擇兒童房的方位時，不僅要考慮空間上的安排，還要照顧孩子的生理和心理特點，不僅要給孩子一個舒適的睡眠和休息的環境，也要滿足孩子玩耍的要求。因此，陽光充足是挑選兒童房的首要條件，住宅東部和東南部的房間也就成了首選。這兩個方向最早能夠接收到陽光的能量，有利於孩子的健康，也預示著孩子的活潑可愛和穩步成長。另外，可根據八卦方位來劃分，東方為震卦，代表長男；東南為巽卦，代表長女。這樣的格局才較為合理。

在設置兒童房的時候，要注意避開那些不適合的方位：

1. 陽臺

風水學認為，陽臺是住宅中氣流交換的地方，吉氣和兇氣都是在此地流通。有的家庭將面積較大的陽臺改造成兒童房，這種做法十分不妥。因為孩子身體較弱，抵抗能力也較差，難以抵擋不利因素的沖煞，如果將兒童房設在改造後的陽臺，則容易使孩子的健康受到影響。

2. 機器旁

機器房的旁邊也不宜用作兒童房，例如水泵房、工廠車間附近等，機器的轟鳴聲容易造成孩子神經衰弱。不規則房屋也不能用，要避免油煙和污穢之氣的干擾，儘量遠離廚房和廁所。

不宜設置在西北方

西北乾位代表了家中的權威，可是兒子明明還不是一家之主，但是因為住在代表一家之主的臥室中，其強大的氣場會讓他感覺良好，就有了想充當「老大」的念頭。他往往喜歡事事都參與，並且凡事都要他說了算，並以和父親頂嘴為樂，想要篡奪父親在家中的領導地位。

面對這樣忤逆的兒子，其實不用生氣。只需給兒子換個房間，不讓他受乾位天子之氣的影響，他囂張的氣焰也就會自然減弱。

用五行定兒童房方位

風水學認為，在確定兒童房的方位時，不僅要考慮採光和通風等因素，還應結合孩子本身的陰陽五行來看。根據出生年月日時推算出孩子的五行結構，再視具體情況安排兒童房的方位，是比較穩妥的。

孩子所缺五行	兒童房適合方位
金	西方和西南方
木	東方和東南方
水	北方
火	南方
土	西南和東北方

佈置兒童房

臥室作為孩子在家中最常待的地方，臥室的環境對孩子的成長有極大的影響，良好的臥室風水，有助於孩子的健康成長。

首先，住宅外部環境對孩子的影響非常大，在兒童房的外部，要儘量避免高壓線、玻璃幕牆、道路直沖和樓梯等不利的環境因素。其次，在佈局上還是要避免一些同成人臥室一樣的問題，例如床頭不能靠窗擺放，睡床不宜安放在橫梁之下等等。再次，為了避免孩子受到不必要的傷害，房間的物品要儘量避免有尖角，還要減少玻璃製品的使用。

兒童房的功能

臥室是成人的私人空間，同理，兒童房是孩子的私人空間，除了睡床、桌子以外，孩子還會在這裡堆放很多屬於他們自己的物品，這樣一方面可以給他們很多的自由發揮的空間，另一方面也鍛鍊了孩子的動手能力。

因此，要儘量選擇面積較大的臥室作為兒童房，佈置也以簡單為宜，這樣可以給孩子留下更多的活動空間。當然，房間還需要留下一定的儲物空間，用來存放玩具等物品，並以此來培養孩子自己收拾臥室的習慣。

兒童房兼作書房

為了節省空間，有的家庭選擇將兒童房兼作書房，這種格局對孩子成長其實非常不利。在條件允許的情況下，孩子的臥室和書房最好分別是單獨的一間，而不宜將書房放在臥室內，否則會使休息和學習這兩種不同的功能相互干擾，不僅影響孩子的休息和睡眠品質，也會使學習的效率大打折扣。

兒童房的大小

臥室並非越大越好，同理，兒童房也不是越大越好。兒童房的面積應該比家長的臥室稍微小些。一般說來，兒童房的面積在十五平方

米以內比較合適。對於先天體質較弱的孩子來說，兒童房還要更小一些，最好控制在十平方米左右，太大的空間容易導致人體能量流失。

在進行兒童房的地面處理時，首先要避免使用石材，一方面石材表面太光滑容易使孩子滑倒摔傷，另一方面是防止誤選含有放射性材料的石材對孩子的健康造成影響。

兒童房的顏色

從心理學角度上來講，顏色對孩子的心理健康影響極大。孩子如果長期處於大紅大紫或是深黑色的環境中，性格會變得暴躁不安。因此，要避免在兒童房中使用這些刺激性較強的顏色。

為了營造明亮、溫馨的效果，明黃、草綠、粉紅、淡藍等色都是不錯的選擇。要儘量保持天花板的平坦，以乳白色進行裝飾為佳，過於暗淡的天花板顏色會導致孩子精神不佳。為了保證孩子的身心健康，在選用兒童房主色調的時候要注意避開這些顏色。

顏色	解析
黑色	黑色給人很壓抑的感覺，且容易使人沮喪，孩子正處於茁壯成長的時期，不宜生活在黑色系的房間裡。
白色	白色給人很安靜的感覺面對孩子活潑開朗性格的形成可能產生不利影響。
紅色	紅色容易使人興奮，也容易使孩子較快地感到疲勞，因此不利於孩子的健康成長。
橙色	橙色給人一種浮躁的感覺，不利於培養孩子的耐心冷靜。
黃色	黃色會刺激神經和消化系統，因此適宜用作餐廳主色調，而不適宜用於兒童房。

兒童房的地面

為了避免孩子摔跤摔傷自己，有的家庭選擇在兒童房的地面上使用地毯，提高了安全性。但是，地毯容易造成粉塵的附著，進而引發支氣管和呼吸道疾病。因此，天然的木質地板是兒童房地面處理的首選材料，不僅容易清潔，同時也擁有較高的安全性。

兒童房的天花板和四壁

兒童正處在一個決定性的成長期，想像力、創造力、獨立性處於一種學習的饑餓狀態，對新事物有著極大的興趣，從顏色來說，天頂和四壁要明亮淺淡，結合孩子的喜用顏色，例如喜水木，可用淺綠和淺藍為主色。可以在壁上掛一塊白板或軟木塞板，讓孩子有一處可隨性塗鴉、自由張貼的小天地。

兒童房門的朝向

兒童房門不可對著書房門、廁所門和樓梯，否則，會影響孩子的活力和精神，做事提不起勁，本來就叛逆的孩子可能會離家出走。如果不方便改其他房間，可以在兒童房前掛上一串風鈴，每天敲幾下風鈴可改善。

兒童房的窗戶

為了保證孩子的安全，避免孩子從窗戶跌落出去，兒童房的窗戶最好不要採用落地窗。而且落地窗易使人產生巨大的空洞感，易讓孩子產生恐懼心理。

兒童房的窗戶最好能安裝窗簾，在孩子睡著後，能利用窗簾擋住窗外的聲煞和光煞。但白天還是應將窗簾拉開，讓明媚的陽光和新鮮的空氣進入房內，給孩子補充有利的氣場。

兒童房的窗戶不宜太大

無論是從建築學的角度還是從風水學的角度來看，窗戶的大小都應該根據房間的大小來決定，兩者必須要成比例。

然而，在現代建築中，人們常常為了美觀或者是追求良好的通風和採光效果，盲目地加大窗戶的尺寸，甚至將兒童房的窗戶設置為落地窗，這不僅不利於孩子的人身安全，也會對孩子的學習成績產生不利影響。

住宅風水講究的就是藏風聚氣，太大的窗戶雖然能夠擁有更好的通風效果，但同時也更容易使房間內聚積的生氣流失，氣失則神散。對孩子來說，無論是書房還是臥室，長期待在這樣的房間裡，精神都無法集中，想要專心學習自然也就是一件非常困難的事情了。

兒童房的照明

兒童房的照明尤其重要，兒童房的照明不僅討展現出溫馨感，還應該充份考慮到孩子的個性特點和成長的需要。孩子天性好動，檯燈、落地燈等的插頭容易造成觸電事故，所以兒童房應該儘量多使用壁燈進行照明。光線柔和的壁燈，不僅可以滿足兒童房的照明需求，還可

以為其營造出溫馨感覺。可以加上牆式調光開關，這樣既便於孩子晚上開關電燈，又可避免孩子擺弄導線造成危險。

　　另外，對於在入睡前喜歡聽故事或是翻閱讀物的孩子來説，還需要有一盞亮度足夠的燈擺在床頭。為了方便孩子夜間起來，還可以在兒童房內安裝一盞低瓦數的夜燈。

兒童房的踏墊

　　生活中，人們還可以利用一些簡單的方法來提高孩子的學業運，例如在書桌下面鋪上一塊紅色的踏墊，就可以達到一定的生旺學業運勢的效果，使孩子在學習的時候保持清醒的頭腦和流暢的思維，取得事半功倍的效果。

兒童房傢俱的選擇

　　在為兒童房選擇傢俱時應充份考慮孩子好動的天性，也要注意傢俱造型的簡潔明快。為了營造出溫暖的氛圍，金屬及玻璃材質不太適合在兒童房中使用。另外，金屬及玻璃材質的傢俱棱角較為尖銳，容易使孩子受到傷害，因此，木質的圓邊傢俱是最佳選擇。

　　傢俱的顏色應該選擇鮮明而亮麗的，它們對大腦具有刺激性，能促進孩子的大腦發育，開發智力。

　　另外，為了防止電磁波以及輻射的影響，兒童房中儘量不要擺放電視、電腦等。

兒童房的空調

　　在五行中，空調屬金，其釋放的風會製造風水磁場，是室內的「生

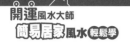

氣」。一旦開啟冷氣，就會產生很大的風水效應。此時就要注意空調的擺放位置，以免其產生不利學業的風水影響。

如果把空調設置在房間的北方，北方屬水，利用金生水的效應使房間的水氣上升。這樣一來，屬木的文呂位也將會被空調機運轉時產生的能量所帶動，不僅可以使人能夠增加冷靜思考的能力，還可以提高學習的效率，對需要考試的人來說尤其有利。

為了取得最佳效果，最好是將空調的出風口向上，冷氣吹出後由上而下，這樣既有利於居家的風水，也能避免冷風直吹引起的頭痛和感冒等問題。

兒童的床

在兒童房擺放孩子的睡床時，不僅要注意一些成人睡床的忌諱，還要特別注意床頭的朝向與孩子成長有著密切的關係。

根據五行來看，如果床頭朝向南面、西南、西北或是東北方，都會對孩子的成長產生不利的影響，會導致孩子性格急躁、膽小怕事、早熟和粗心等。而東面及東南面屬木，孩子的床頭朝向這兩個方位，不僅利於成長，充足的陽光還對孩子的生長發育和健康產生非常有利的影響。

另外，正確的睡床朝向還可以促進孩子與家庭其他成員的和睦。將孩子的床位設置與父母同向，可以促進親子間的感情融洽。如果孩子有兄弟姐妹，將他們的床位擺放在同一方向，或許可以解決他們之間的矛盾和摩擦。

此外，為了讓孩子安心睡眠，兒童床不可設在橫梁下，不可面向有強烈陽光的窗戶，不可太靠近窗戶或落地窗，不可位於爐灶上下或廁所上下，不可頭朝房門，不可背靠馬桶，不可擺放神位。

雙層床

　　為了節省兒童房的空間，也為了給孩子製造運動的機會，許多家庭選擇給兒童房設置雙層床。一般來說，四五歲的孩子可以開始使用雙層床，雙層床的上層作為孩子休息的空間，雙層床的下層則可以作為孩子玩耍、學習的空間。

　　如果家中有兩個孩子，使用雙層床就更為有利。如果家人床的朝向一致，能利於家人的和諧，雙層床可以使兩個孩子的床朝向一致，利於他們的團結。

佈置兒童床

　　孩子正處在一個對世界充滿好奇的過程中，因此孩子的床應該是舒適而具有吸引力的，這樣孩子才願意安睡。鬆軟的枕頭和天然布料的被子，會給孩子以親切感。在臥具的顏色上，多使用象徵和諧的藍色，可使孩子心情寧靜。可愛的卡通做臥具的圖案，會令孩子喜歡自己的床。

床的方位

　　床不僅是孩子睡眠休息的場所，有時也是孩子學習的場所。尤其是到了臨考的時候，比起長時間坐在書桌前面，靠在床上看書或是躺在床上看書更加舒服。對於有這樣習慣的孩子來說，可以透過改變睡床的朝向來輔佐其提升學業的運勢。

　　孩子的性別不同，床的朝向也不一樣。

男孩→　西南方位

女孩→　正西方位

這兩個方位都能夠達到催旺文昌的功效，幫助孩子提高記憶力，使其學習成績得到提升。但為了保護視力，應該儘量避免孩子長時間地躺在床上看書。

睡床擺放五忌

床為了維護孩子的身體健康，以及利於提高孩子的學業運，家長需要十分注重孩子睡床的擺放有講究，避開忌諱之處。

1. 不置於橫梁下

橫梁是房間中煞氣很重的一個地方，孩子的睡床首先就需要遠離它。

2. 不置於冷氣機底下

雖然夏天對著冷氣吹很舒服，但是也不能因此就把孩子的床擺在冷氣機底下，馬達的轉動會降低孩子的學業運勢。

3. 不將床頭對門

孩子的床頭不能正對或側對房門，氣的直沖會使孩子容易患上頭痛等疾病。

4. 不將床頭對廁所

如果廁所在隔壁，床頭也最好擺在與其相反的方位，穢氣相沖也會使孩子的學業受到困擾。

5. 不將兒童房置於廚房、神位、廁所的上方

如果是樓中樓式的住宅或別墅，還要特別注意上下層之間的格局，切忌使孩子的房間位於廚房、神位、廁所的上方，這些格局會導致孩子心煩氣躁，無法專心學習，影響學業的進步。

嬰兒房

嬰兒房方位在東方為好，保持良好的光線與通風，白晝與黑夜的

展現較為完善。房間向陽，陽光中的紫外線可以促進維生素 D 的形成，防止嬰兒患小兒佝僂病，注意避免陽光直射嬰兒臉。如果在室內，不要隔著玻璃曬太陽，此外，嬰兒和母親的被褥要經常在陽光下翻曬，可以殺菌，以防止嬰兒皮膚和呼吸道發炎。

嬰兒床

在風水上，嬰兒的房間的位置和嬰兒床的擺放也有諸多的講究。

嬰兒的居室應該遠離噪音，而且嬰兒的床應當是獨立的，最好放置在房間的中央，以方便大人在周圍看護。另外嬰兒睡在床上的時候，最好讓嬰兒處於頭北腳南的位置。

替孩子選擇枕頭

孩子的枕頭關係著孩子的睡眠，枕頭朝向木方位，可以提升孩子的成長運，對孩子的語言學習有利，如果枕頭朝東能幫助孩子形成積極的性格。枕頭的材料要選擇天然的，顏色以乳白色為最好。

兒童房的書櫃

如何讓給孩子挑選一個能夠助旺學業運的書櫃？這就需要家長在為孩子挑選書櫃時，除了兼顧個人喜好的因素之外，還要注重材質問題，最好是選擇木質的書櫃。因為在風水中有木主春的說法，在孩子房間擺放木質書櫃，可以增加房間中的陽性力量，而木頭也具備著一

些柔性的特質，能夠幫助孩子獲得平和的心境，進而有利於學習成績的提高。

在選擇書櫃的顏色時，儘量避開過於跳躍和豔麗的色彩，適宜選擇一些較為深沉的顏色，例如深褐色、咖啡色等，都是非常適宜的，這些色彩所產生的厚重感可以使孩子的性格更加沉穩，以避免孩子產生急躁情緒。

在風水中，太高的書櫃會對健康產生影響，導致孩子身體虛弱。另外，如果書櫃太高，很容易形成壓迫書桌的格局，令孩子勞心頭昏、心神不定。因此，為了孩子的健康和學習，不宜給孩子選擇高大的書櫃。

為孩子選擇書籍

為孩子選到了一個助旺學業運的書櫃，接下來就該為孩子選擇適宜他閱讀的書籍。此時，需要注意的是，並非所有的書都適宜擺在孩子的房間。一旦擺錯了書，不僅無法提高孩子的學業，恐怕還會帶來很多不好的結果。

1. 不要放置鬼怪的書籍

有的孩子喜歡看描寫鬼怪的書籍，認為其中的故事很刺激，其實這類講述鬼邪故事的書都有很重的煞氣，其所釋放的陰氣對孩子的身體和精神都有很嚴重的影響。

2. 不要放置色情、暴力的書籍

充斥著暴力兇殺和淫穢色情的書籍也切忌出現在孩子的房間中，這些書都含著過重的穢氣。一旦讓孩子接觸，其原本擁有的正氣就會受到侵蝕，而正氣的衰敗會導致學業運勢的下降，同時還會影響到孩子的神經系統，造成孩子經常做噩夢。

選擇書桌

孩子的書桌和大人不同，要保證孩子的安全性，因此最好不要使用金屬的，木質書桌的柔和感能讓孩子感覺親近，進而增強讀書的效果。書桌上可以放置文房四寶，用以增加讀書的氛圍。在書桌上放置水晶，能削弱電腦帶來的輻射影響，其溫和的磁場利於智力的開發，使孩子讀書事半功倍。

書桌擺放

為了便於孩子的學習，兒童房中常常會配置一張書桌。而在進行書桌的擺放時，首先要注意窗外的建築，如果孩子的書桌正對著窗外的屋脊、電線杆、水塔或是正對小巷，容易引起孩子頭痛，進而影響學習。

如果孩子的書桌背靠或面向廁所，或位於廁所、爐灶之上或之下，都會導致孩子煩躁易動，不愛安心待在家中讀書。另外，無論是書桌的兩邊還是背後沖門，都是影響孩子不愛讀書的擺法，要儘量避免。書桌前最好不要有高大的傢俱，其壓迫感會令孩子不適，而不安心學習。電風扇、電燈也不宜位於書桌的正上方，它們壓著書桌，容易令孩子感覺有壓力。

座椅擺放

要想提升孩子的學業運，不僅要注重兒童房中書桌的擺放位置，也要注意孩子的座椅的擺放位置，畢竟它們都是孩子每天學習時都需要的物品。如果座椅的擺放錯誤，也會在無形中對孩子的學業產生不利的影響。

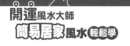
風水學認為，孩子的座椅不能背靠著廁所的牆，因為此處是住宅中的污穢之氣產生和大量聚集的地方，會影響到孩子的運勢。將座椅靠著廚房的牆擺放也是不可取的，因為過重的火氣會使孩子性情暴躁。

兒童房不宜放電器

風水學認為，電器會帶來不好的氣場，而且電器的使用會造成一定的危險，在使用的時候也會產生一些對人體有害的輻射。所以在兒童的臥室內，最好不要擺放電視機、錄影機、電腦、音響等對兒童不利的電器。

兒童房裡的用電問題

兒童房的用電是需要謹慎對待，為保證孩子的安全，兒童房的插座一定要安裝在孩子摸不到的地方，最好選擇有封蓋的插座，並且，兒童房的燈具一定要選擇兒童專用的，電線不要隨意放置，固定在牆壁上為宜。

此外，在兒童房安裝一套防護監控系統，如監視器或警報器之類的，有助於監護兒童的安全。

選擇玩具

孩子的成長中離不開玩具的陪伴，在很大程度上是玩具激發了孩子的動手能力和創造力。因此，玩具對孩子有較大的影響。風水學認為，為孩子選擇玩具時要注意玩具的五行屬性。

洋娃娃的五行屬水，絨毛玩具五行偏木帶水，動物玩偶的五行同真實動物的五行，模型和黏土屬於火土。如玩具車、玩具槍、遊戲機、

電腦等玩具五行屬火，孩子玩火行玩具多了，脾氣會變得較為暴躁；木製玩具的五行屬木，能令孩子有溫暖愉悅的感覺，孩子多接觸會使其性格溫和。

　　但要注意那些會跑動的玩具，它們在家中四處亂竄，它們的五行屬性，可能為家中風水帶來影響。

玩具擺放

　　玩具作為孩子成長中的好朋友，應該被置於孩子的房間裡。

　　但在擺放孩子玩具時要注意選擇擺放位置，以免放置方位錯誤，可能帶來不利的風水效應，影響家運。

　　如擺放在西南方的玩偶象徵著孩子，這個方位玩偶的多少與孩子的多少有關，如果不想家中再添人口，切忌亂放置玩偶。例如兔子，原本是柔順的象徵，但如果放在西方，則有可能導致爛桃花。

　　因此，應該在兒童房中設置一個儲物箱，將玩具收納起來，這樣不僅避免了因玩具散亂而造成的混亂和安全問題，也能避免玩具的風水影響。

刀器的擺放

風水學上認為菜刀、水果刀、剪刀、刺針等是帶有煞氣的東西，不可隨便擺放，應該擺放在合適的位置，最好是擺放在櫃子裡。

如果放在兒童房裡面，可能對孩子造成危險，而且擺放這些刀具對孩子的心理健康成長不利。

兒童房裡的鏡子

按照風水學的說法，臥室內是不宜擺放鏡子的，尤其是兒童的房間，就更不適宜擺放鏡子了。鏡子（和玻璃做的風鈴）易掉落破碎，會割傷孩子。而且，紛亂的影像和聲音會使孩子精神分散，還會影響睡眠休息。

裝修兒童房

兒童房的面積和朝向一般都不及主臥室，但是在裝修時要做到環保、安全和諧觀，這就不容易了。

因此，在裝修時要注意以下幾點：

1. 選用環保材料

因為孩子的抵抗力不及成人，所以整個房間的材料運用，必須選用環保材料，在施工中也必須緊緊貼住這點，為孩子打造出舒適的居住和學習環境。

2. 物品不要有棱有角，其中電源是最需要注意的

由於孩子好奇心強，對危險警惕性低，電源一定要設置得安全。最好將電源設施安裝在較高的位置，或者進行封閉、採用安全插頭等，最好在房間內安裝防煙偵察器，以防火。

3. 選擇既美觀又明亮的燈具

孩子的身體正在成長，燈光不足會對其視力造成損傷。

4. 兒童房雖然小，但功能很大，是休息、讀書和娛樂的場所

在裝修時，要根據孩子的特點和興趣，要做不同的功能設計，把整個房間運用的恰到好處。傢俱不妨選擇易移動、組合性高的，方便隨時重新調整空間。

兒童房的裝飾

針對孩子單純天真的天性，兒童房的裝飾應儘量簡單明瞭，過於複雜的裝飾會讓房間顯得凌亂。房間儘量不要掛各種奇怪的飾物和太多的風鈴，容易導致孩子神經衰弱。孩子的床頭最好不要擺放答錄機，否則容易導致腦神經衰弱。總之，兒童房的裝飾宜便於打掃，這樣對孩子的成長有利。

五行與兒童房圖案裝飾的關係

為了培養孩子豐富的想像力，激發他新奇的創造力，兒童房往往會佈置各式各樣的圖案。而風水學認為，在佈置圖案時應該遵行五行的原則，利用各種圖案為孩子補五行所缺。

所缺五行	適合圖案
水	波浪圖案
木	直條紋圖案
火	星星圖案
土	方形圖案
金	圓形圖案

佈置兒童房的畫

許多時候，兒童房不僅會佈置各種圖案，也會在牆上貼一些圖畫。根據孩子的成長階段不同，所貼的圖畫也會有所不同。但要注意的是，儘量不要在兒童房貼各種奇形怪狀的動物畫像、武士戰鬥的圖畫或恐怖的圖畫，這些都是引發孩子產生好鬥心理和做怪夢的因素。

懸掛一些柔軟厚實的壁掛能緩解房內的氣場，給孩子營造一個舒適的環境。在圖案方面，可以選擇一些柔和、可愛而富有情趣的畫面，柔美的自然景觀是很合適的。

在孩子長大以後，自己要求掛某些圖畫時家長也要有所檢查，如果不利於孩子的健康，就要及時和孩子溝通。

糾正孩子胡亂塗鴉的習慣

許多孩子在學會用筆之後，就會喜歡用筆在房間的各處畫出各種線條之後，這就是「塗鴉」。但絕大多數孩子的這些塗鴉之作並不具有藝術家天份，因此常常弄得家中一團糟。但是，塗鴉是孩子的天性，正是孩子認知世界的一種展現，此時如果嚴厲地對他進行批評，可能

會造成孩子的心理陰影，會不利其成長。

　　因此，最好的解決的辦法是在裝修時就先設計出一面專供他塗鴉的牆或為他準備一塊黑板或白板。鼓勵孩子在給他的畫畫空間作畫，並督促他畫完畫後收拾筆。如果他在其他地方作畫或不收拾好自己的物品，則可給予他適度的懲罰，如一段時間不讓他畫畫。

第九章

書房

書房的風水作用

書房是開啟智慧、凝神靜氣之地，是工作和學習的區域，如能佔據良好的位置，則會達到提升文昌運的作用。尤其是在家有學童的情況下，如能讓孩子在家中文昌位讀書學習，對大大提升孩子的學業運。

書房是工作和學習的地方，如佈置妥當，能達到提升文昌運的風水作用。在居家生活中要重視書房的佈置。

書房調節陰陽格局

風水講究的是陰陽平衡和五行協調，透過將房間功能與其五行屬性相配合，不但可以平衡住宅的陰陽，還可以達到趨吉避凶的效果。

在五行中，書房屬木，因木性通明，所以應使書房處於良好的通風和採光狀態中。對於不規則的書房，要設法進行裝修上的彌補，使其形狀盡量規整。如果書房較陰暗，必須用燈光給予彌補。

好風水的書房

一般來說，好風水的書房需要具備以下幾個條件：

1. 採光充足

書房及書桌必須具備的首要條件就是採光充足。所以房間最好要有窗戶，有自然光線在風水佈局中自然是大吉的。夜晚的光源就以黃光為佳。書桌的正上方應該用日光燈囊檯燈，不過注意日光燈既不能作為書房的主燈，也不能橫跨在書桌的正上方。因為那樣的佈局，會使學生容易因為雜事過多而忽視了學業，如果是上班族，也會多是非有小人妨礙，影響在家工作的效率。

2. 通風透氣

只有空氣清新才能讓人頭腦清楚。例如很多密閉式的辦公室整天都開著空調，其實也就是為了通風。書房的窗戶還要注意外部環境，當書桌靠窗放置時，那麼窗外 10 米以內的範圍，如果有鄰近房屋的尖角向著書房內呈射入狀就是沖煞格局，並且寓得越近影響越大，所以最好增設窗簾阻擋，如果距離是在 30 米以上也就沒有關係了。

3. 遠離雜訊

如果書房的窗外剛好是車流量大、空氣經常凝滯不動的地方，就要多注意了。因為雜訊多就是犯了聲煞，空氣不好，一定會令人經常頭昏眼花。此時最好使用空調系統來通風，不要隨意開窗。

書房顏色

風水學認為，房間的顏色與五行有著密切關係，配合五行規律進行顏色的搭配，不僅符合風水的要求，也能創造出一個溫馨的書房環境。

在五行中，白色、灰色、金屬色屬金，黑色屬水，青色、綠色屬木，紅色、紫色、粉紅色屬火，黃色、咖啡色屬土。

在進行書房的裝飾時，切忌使用大紅、大綠或是五顏六色的雜拼，而應該選取五行的代表色，再根據木生火、火生土、土生金、金生水、水生木的原則進行搭配。例如，地面使用的是暗紅色實木地板，五行屬火，則書房的牆面就應該使用五行屬土的淡黃色進行搭配。再根據土生金的原則，選擇屬金的白色進行天花板的處理。

一般來說，將書房設置在屬水的北方是比較理想的選擇。另外，在裝修書房時，可以選擇白色、天藍色、綠色等顏色，這樣不僅有利於提高學習和下作的效果，而且可以增強運勢。

書房大小

有些人為了展現出自己的博學和氣派，將自己家中的書房空間設置得比較大，但從風水學上來講，這並不符合風水之道。

風水學講究的是聚氣，房間越大，則越難以達到聚氣的目的。在這樣的書房中無論是學習還是寫作，都會使人精神分散，導致頭腦無法清醒地思考。所以，書房還是比較適合小而雅致的風格。

書房位置

風水學認為，書房在一所住宅中的地位就相當於家中的財務室。只有對書房進行恰當的風水佈局，才會有事業豐收、運勢提升，並且會對財運產生直接的影響。如果人們是在不佳的環境下讀書和工作，那麼運勢必然會下降。

此外，書房是陶冶情操的地方，不僅是閱讀和學習的場所，同時也象徵著居者的事業、愛好和品位。為了能夠創造出靜心閱讀和學習的空間，書房與客廳、廚房、餐廳、廁所的距離要盡可能遠，最好選擇一個較為寧靜的房間作為書房。除此之外，為了增強學習效率，使人能夠保持清醒的頭腦，住宅的「文昌位」是書房的最佳選擇。

根據需要決定書房的位置

誰是書房的使用者？這是佈置書房前首先要確定的事情。只有確定了使用者，才能根據使用者的需要來佈置書房。

對於正處於升學階段的學生，營造理想的文昌位是要點。如果是子女讀書的房間，就根據子女的文昌位元來佈局。把書房和書桌都安

排在文昌吉位上，再輔以恰當的補運方法，自然可以讓孩子頭腦清醒。注意力集中，提升學習能力。如果是兼具工作室性質的書房，就要設在財位上。另外，電話和電腦方向也是非常重要的，座位都要安置在理想的卦爻上，才能為自己創造良好的投資旺財佈局。

書房設置在向陽的南方

人們常常認為，南方是住宅中最向陽的方位，又含有藝術和文學的意味，應該非常適合用來做書房。其實，從風水學的角度來看，南方陽氣過於旺盛，而閱讀和寫作都是需要心平氣和進行思考的活動，如果選擇此方位的房間作為書房，對人的思維和情緒都會造成干擾。

另外，南方位有附著和遠散的意思，長時間待在這個方位的書房中，容易引起神經系統的過敏，使人心情不穩定，容易產生疲勞感。

書房緊鄰廁所

書房是位於文昌位上的吉利風水，而廁所是人們排泄之地，屬於污穢的地方，如果書房緊鄰廁所，那麼，對文昌位也會造成污穢的影響。

不規則的書房

書房是家庭環境的一部分，它要與其他居室融為一體，透露出濃濃的生活氣息。在現代住宅當中，由於設計上的缺陷，很多住宅會產生一些不規則的房間。這樣的房間一般面積較小，無法用來做臥室，為了不浪費面積，大多數家庭選擇將其作為書房。但這並不符合風水之道，會極大地損害人們的運勢。

　　因為形狀的不規則，這些房間中很容易會形成尖角，進而形成尖角煞，給人造成心理上的壓制感，不能使人輕鬆自如地投入到工作和學習中。另一方面，也會給人一種不穩定的感覺，使人分散注意力。所以，不規則的房間儘量不要做書房。

書房天花板上有橫梁

　　橫梁壓頂也是書房格局的大忌。風水學認為，如果將書桌擺放在橫梁底下，或者是人坐在橫梁下，都會導致運勢下降，容易遭受到各種困難，嚴重的還會影響到人的精神狀態和身體健康。

　　為了避免產生以上不利影響，在進行書房的裝修時，可採用吊頂的方式將天花板擋住。在無法吊頂的情況下，也要儘量避開橫梁來安放書桌和座椅。

書房的窗戶

　　書房作為閱讀和學習的重要場所，充足的採光十分必要。而決定書房採光是否充足的關鍵在於書房的窗戶設置。因而書房應採用大窗戶，以讓充足的光線進入。此外，窗戶的窗簾宜採用較為輕薄的淺色窗簾，既可以讓光線透過，又遮住了窗外的干擾，還可以減弱過於強烈的陽光。

書房的採光

　　採光充足是書房的首要條件，因而擁有充足自然光線進入的書房，是最吉利的。因而書房應採用大窗戶，以讓充足的光線進入。窗戶的窗簾宜採用較為輕薄的淺色窗簾，既可以讓光線透過，又遮住了窗外

的干擾，還可以減弱過於強烈的陽光。

書房的燈光

書房不應用日光燈作為主燈，日光燈光源不穩定，閃爍的燈光不利於學習。日光燈也不適合橫跨在書桌正上方，容易使學生分心，令上班族多是非，不能安心工作。

為了便於閱讀、學習和查閱書籍，除了必備的吊燈、壁燈以外，檯燈、床頭燈和書櫃用的射燈也是書房的必備的燈具。

書房的照明

要保證書房有充足的光線，不僅要設置較大的窗戶，還應安置一些室內照明設施，除了必備的吊燈、壁燈以外，檯燈、床頭燈和書櫃用的射燈也是書房的必備的燈具。這樣才能真正做到便於使用者的閱讀、學習和查閱書籍。

書房不應用日光燈作為主燈，日光燈光源不穩定，閃爍的燈光不利於學習。日光燈也不適合橫跨在書桌正上方，容易使學生分心，令上班族多是非，不能安心工作。

檯燈可以選擇落地式或是書桌式，但不宜離人太近，這樣才能避免強烈的燈光對人眼造成傷害。其他燈具的光線也不宜過於強烈。

另外，在能夠使人舒適的情況下，壁燈和吸頂燈最好使用乳白色或是淡黃色，這樣可以營造出溫馨的氛圍。

用五行選擇書房的顏色

在為書房決定主色調之前，人們要先確定書房的五行，儘量選擇

與書房五行匹配的顏色來做主色調。

在五行中，青色、綠色屬木，紅色、紫色、粉紅色屬火，黃色、咖啡色屬土，白色、灰色、金屬色屬金，黑色屬水。在進行書房的裝飾時，切忌使用大紅、大綠或是五顏六色的雜拼，而應該選取五行的代表色，再根據木生火、火生土、土生金、金生水、水生木的原則進行搭配。

例如，地面使用的是暗紅色實木地板，五行屬火，則書房的牆面就應該使用五行屬土的淡黃色進行搭配。再根據土生金的原則，選擇屬金的白色進行天花板的處理。

將書房設置在屬水的北方是比較理想的選擇。另外，在裝修書房時，可以選擇白色、天藍色、綠色等顏色，這樣不僅有利於提高學習和工作的效果，也可以提高運勢。

書桌的講究

書房提升文昌運的關鍵就在於書桌的擺放。

一般來說，將書桌面向門口擺放是比較好的選擇，這樣可以使人保持清醒的頭腦。但是，為了避免受到門外煞氣影響而導致精神無法集中，書桌不能及閘直沖，也不宜放在門邊。

背後靠實牆也是書桌擺放必須要注意的。有的人喜歡將書桌放在書房中央的位置，這樣不僅浪費空間，更會形成四方無靠的格局，影響到家人的事業、學業和精神狀態，必須要避免。

除此之外，書桌也不宜靠窗戶擺放，尤其是不能正對窗戶，以免

形成「望空」的凶局，一來容易受到窗外其他房屋尖角的影響，二來也是背後無靠的不良格局。

同睡床一樣，書桌也不能放在橫梁底下，會造成學習壓力的增加，同時還會影響到精神狀態和身體健康。

書桌靠著玻璃幕牆

現代居家中，為了營造現代感，也為了有效利用狹窄的住宅空間，增強住宅的採光，人們常常在家中設置玻璃幕牆。但是，將書桌靠著玻璃牆擺放，或是將座椅放置在玻璃幕牆背後，都是需要忌諱的風水格局，因為這樣就形成了背後無靠的格局，會影響到事業的發展，財運也會受到影響。

如果家中有正在上學的孩子，在這樣格局的書房中學習，也會對其成績產生不利影響，要設法避免。

書桌貼牆

為了節約空間，許多人選擇將書桌貼牆擺放，但這樣的格局往往容易造成精神緊張，使人不安。風水學角度來看，這是因為書桌前也需要有一定的空點作為「明堂」，以便納氣入局。

從人體科學的角度來講，這是因為人體有很多感應氣場的部位，後腦的腦波放射區是其中最為敏感的部分之一。如果貼牆擺放書桌，人眼的視線所及範圍就是牆壁，無法捕捉到資訊，因此就會將注意力轉移到腦後。時間一長，就會消耗掉大量的能量，進而影響工作和學習的效率，嚴重的時候還會影響到健康。

書桌背對著門

如果書桌背對著門，就是及閘相沖，這樣的位置會令人精神不集中，心神渙散，脾氣會逐漸暴躁，容易跟人起爭執。如果小孩坐在這個位置，則容易令小孩得不到老師和家長的喜愛；如果上班族坐在這個位置，則容易令其得不到上司的賞識。

男女書桌用品的擺放區別

書桌用品的擺放也要遵循風水中「左青龍、右白虎」的原則，才能提升人的運勢。而且人們的性別，也對書桌擺放用品的風水效應有著密切的關係。對於男性來說，位於左手的青龍位要動起來才是上佳的風水。因此，在擺放書桌用品時，電話、檯燈、傳真等物品要擺放在左邊。而對於女性來說則恰好相反，應將各種重要的物品擺放在右手邊，這樣才能帶動白虎位，以提高運勢。

書桌上的植物

假如說書房裡面只有書桌、書櫃、椅子和電腦這類物品，就會顯得冷冰冰的，沒有人氣，但是，如果搭配一些植物，不僅對空氣好，還有利於思維。書房可選擇山竹花、文竹、富貴竹、香雪蘭、鳳尾竹、蘭竹花等，可以寧神通竅，防止失眠等作用。另外，這些植物最好能放在主人的文昌位，這樣有利於提升主人的文昌運。

書桌的座位

除以書桌以為外，書房中的椅子座位也是有講究的，如果能選擇

適合的桌椅，就能達到事半功倍的效果。

　　怎樣的座椅才是符合風水要求的呢？書桌的座位背後要有靠背，最好靠著牆，當作靠山。不可以空蕩無物，也不可以背靠著窗戶，沒有靠山的位置會會影響主人的運勢和事業。

五行與電腦桌面的關係

　　隨著電子技術的發展，電腦已日益成為人們工作生活中重要的一部分。許多人每天會有長達六到八個小時面對電腦，而電腦又是屬火之物，火氣極旺，這就會造成火氣過旺。此時，人們就應該根據自身需要，可以按五行設置電腦桌面。

所缺五行	適宜電腦桌面
水	藍色，水的圖畫
木	綠色，植物的圖畫
火	紅色，火的圖畫
土	黃色、褐色，沙漠的圖畫
金	白色、銀色、金色，雪山或金屬的圖畫

忌火的人使用電腦

　　一般來說，忌火的人最好是遠離屬火的物品，但現代生活卻不可避免使用屬火的電腦。化解的辦法是在電腦旁放置屬水的物品，如一杯水、一幅冰川圖畫、一盆水養植物、一塊水晶、一個魚缸等，使水的能量削弱火氣。

缺水的人使用電腦

　　五行中，電腦是火氣極重的電器，缺水的人使用電腦不利於自己的五行。但現代生活不可能離開電腦，因而要注意在使用電腦的時候，在電腦旁放一杯水或者放一盆水養植物。滑鼠是電腦上唯一屬水的物品，但閃爍的光電滑鼠卻是屬火的，缺水的人最好不要使用這種閃爍的光電滑鼠。

角煞

　　如果你選擇將書桌擺放在靠窗的位置，那麼，就一定要注意角煞的影響。

　　書房窗外三米之內不要有其他房屋的尖角射入，否則會形成角煞。即使有角煞的影響，尖角的距離越遠影響越小，越近則影響越大。有這種情況時，一定要在書房內擺放相應的風水物品來化解，千萬不能放任角煞對你產生不利的影響。

書櫃

　　前面說了，書桌的擺放有很多講究，事實上，書櫃的擺放同樣有相應的風水原則。「書桌坐吉，書櫃坐凶」，這就是說書桌應該擺放在吉利的方位，而書櫃剛好相反，應該擺放在不吉利的方位，用來鎮壓凶煞。

書櫥

在書房中，書桌之外的另一重要傢俱就是書櫥，它作為書房中最主要的儲物空間，在設計上最好保持靈活，除了有放置書籍、雜誌的書架之外，下部最好還要有些帶門的壁櫃。這樣的設計一方面可以增加藏書的空間，也可以用作其他物品的儲存。

書房需要有質樸的整體感，這樣更有利於人的靜心閱讀和學習。有的家庭喜歡用帶有玻璃門的書櫃，這樣過於華麗的裝飾會顯得十分浮躁。因此，在材料的選擇上，以木質為最佳，而且最好是開放式的深色書櫥。

書櫥的高度

許多人為了便於存放日益增多的藏書，選擇在書房中配置一個高大的書櫥。但書櫥的大小應該與房間的大小匹配。而且在風水學中，太高的書櫥會對健康產生影響，導致居者身體虛弱。

另外，如果書櫥太高，容易導致壓迫書桌的格局，使人勞心頭昏、心神不定。

書櫥的擺放

風水學認為，書櫥屬陰，書桌屬陽。為了平衡陰陽，書櫥與書桌不僅要擺放在對應的方位，擺放時還要隔開一定的距離。同時，為了與其陰性的屬性相符，書櫥的位置要避免陽光直射，這樣也更有利於書籍的收藏和保存。

為了使書櫥有層次感，同時也保持書櫃內部氣流的通暢，不宜將書籍塞滿整個書櫥，無論如何也要留下少許空隙。

書房裝潢

　　風水學認為，書房的裝潢，不能過於複雜，最好採用線條簡潔明朗的設計，不要有太多的弧線，尤其是天花板上不能有吊頂，也不能有裝吊燈，否則會給人一種心理壓力，令人心境不暢，不利於學習和工作。

書房裡的空調

　　炎炎夏日，空調是必不可少的，它讓人涼爽，有利於專心讀書、凝神思考。但是，空調擺放的位置對人的作用是有所區別的。如果將空調風口對著頭部吹，那麼一定會吹出感冒、頭痛等毛病。

　　如果空調放在書房的北方，利用空調運轉的能量，帶動文昌好運，必能利於考生或研究學問的人。所以說，選擇空調的擺放位置時，一定要慎重。

書房的字畫

　　許多人喜歡在書房擺放字畫，這並不違背風水之道。但如果字畫擺放得太多，反而會對書房的風水產生不利影響。一般來說，書房擺放的字畫以一到兩幅較為適宜。

　　此外，書房的字畫宜與書房的氛圍相契合，如一些雅致的間距和文人畫作，雅致、沉穩的油畫也適合在書房擺放。切忌字態張狂的狂草、晦暗蕭瑟的畫作、顏色鮮豔的抽象畫，它們有令人心情煩躁、亢奮或低沉的作用，不利於工作或學習。

書房擺放飾物要注意

書房是一個充滿藝術氣息的地方，因此人們常常在書房中擱置一些藝術品等飾物。但要注意的是，並非任何飾物都可以擺放在書房中。

為了避免沖煞，書房中不宜擺設各種獸骨類的飾品，例如牛角、羊頭等，會產生煞氣，影響到人的健康。

另外，書房中也不宜懸掛鬼怪、暴力和過於裸露的圖片，這樣的圖片也會產生煞氣，尤其是對於有小孩子的家庭來說，那樣容易使孩子變得性格古怪，產生暴力傾向。

書房的功能區域劃分

書房雖然是學習的地方，但也要有一張一弛的空間。因此，人們應合理劃分書房的功能區域，使身處其中的人們勞娛結合。而且，合理地安排書房的空間，不僅有利於日常學習和工作的開展，也有助於書房氣流的通暢，提高運勢。

一般說來，對於面積足夠的書房，通常可以劃分為日常使用的工作區、擺放傳真機等設備的輔助區以及用來調節神經的休閒區等三大部分。這樣，不僅可以使人工作和學習起來得心應手，也能使書房產生溫馨舒適的感覺。

書房的擺設增進親子關係

書房不僅是作為孩子學習和父母工作的場所而存在，它還具有增進家庭的親子關係的作用，很多時候父母與孩子之間的溝通都是在書房進行的。選擇暖色調進行書房的裝飾，在書桌的左上方放上一盞明亮的檯燈，可以很好地營造書房的氣氛。

另外，將書櫃擺放在門的後方，並在書房內擺上一些綠色植物，這樣清幽溫馨的環境，可以在一定程度上提高親子關係的融洽度，讓父母和子女的溝通更加順暢。

營造書房的氛圍

安靜，是書房的最大特徵。為了讓人們在書房中更好地閱讀和學習，書房需要安靜，因此在書房的裝修中可以多採用吸音和隔音效果較好的材料。

在遮蓋頂梁吊頂時，可採用吸音石膏板，牆壁處理則可以使用軟包裝飾布或是 PVC 吸音板。另外，地毯的使用也可以增加書房的隔音效果，而較厚的窗簾也可以很好地隔阻住宅外的噪音。

為了營造這樣的安靜氛圍，大功率的音響設備最好不要擺放在書房中，其產生的強磁場輻射不僅對健康不利，還會輕易地干擾到人的閱讀。另外，書房中也不宜擺放魚缸，容易分心。

第十章

餐廳

餐廳的風水作用

在一所住宅中，餐廳是一家人聚餐的地方，也是促進家庭成員和睦相處的關鍵。良好的餐廳風水，能促使家庭和睦、身體健康、財源廣進，凝聚家庭成員的向心力。所以人們要在家中設置餐廳，還應全家人每天至少在此處聚餐一次，才能達到融洽感情的目的。

餐廳方位

在進行房屋裝修時，人們就應該找出餐廳的最佳方位，再進行設置。風水學認為，餐廳應該在客廳和廚房之間，最好是位於住宅的中心，這樣的佈局不僅是備餐和進餐的最佳路線，也有利於增進親子間的和諧。

此外，如果將餐廳設置在宅主本命爵的四凶方，能利於壓制凶方的煞氣。從方位上來説，餐廳適宜設置在住宅的東面、南面、東南面和北面。這是因為南面五行屬火，充足的光線可以使家道興旺，如火焰熊熊升騰，運勢旺盛。

東方及東南方屬木，清晨從此方位升起的太陽象徵希望，可以提高活力和生機。北面屬水，能調和廚房中水與火的關係，使它們達到水火既濟的最佳狀態。

設置餐廳時需要注意的是：如果是樓中樓或多層的住宅，餐廳切記不能置在上一層樓的廁所正下方‧否則會導致好運受到壓制。如果一進門就是餐廳，容易讓站在屋外的人看到家中的人員和情況，十分不利，也容易讓家人沉溺於美食，令志向短淺。

餐廳格局

風水學中認為，方方正正的餐廳形狀是好風水的展現。而且，長方形或正方形的餐廳也最容易裝潢。如果是缺角或不規則的形狀，就不適合做餐廳，或是在缺角處的牆面上掛一面鏡子來補齊卦象。最好把餐廳的位置安排於客廳和廚房之間，或者是住宅的中心位置，這樣有利於促使家人關係更加親密。

餐廳位置

風水學認為，餐廳的位置最好與廚房相鄰，以在客廳和廚房之間為最佳。最忌諱的位置是在樓上廁所位置的下方。餐廳也不宜和大門、廁所門相沖。如果無法避免，可以用屏風作為阻擋。

餐廳形狀

風水學中認為，住宅的房間都是以方方正正為最佳，餐廳也不例外，以長方形或正方形為佳，不宜有缺角和突出。因為餐廳的形狀與風水也有密切的關係，所以在考慮家庭佈局的時候，一定要將家庭餐廳的佈局考慮在其中。

餐廳上方有梁柱

在家裝設計中，餐廳之上的屋頂應平整無缺，才符合建築學的審美標準。而在風水學中，橫梁和尖角都是忌諱，均會損害家人的健康。因此，對於不規則的餐廳，可以透過在屋角擺放傢俱和常青植物來化解。當餐廳有橫梁時，要儘量設法避免將餐桌擺在橫梁下。在無法避

免的情況下，有三種方法可以解煞：一是在牆上裝一些照明射燈，用仰角燈光直射屋梁；二是用紅繩在梁上懸掛竹簫兩支，簫口向下，並呈四十五度角相對；三是做天花板吊頂，將橫梁隱藏起來。

傾斜的餐廳屋頂會對在餐廳用餐的人產生壓力，如將餐廳設置在樓中樓式建築的內樓梯下，更為不利。就餐時的緊張情緒會連帶身體出現問題，進而影響健康。如果餐廳必須設置在有傾斜屋頂的房間，就儘量將餐桌搬到沒有傾斜面的一邊。如果無法搬離，就用天花板將屋頂吊平。如果餐桌在樓梯下，就在樓梯最底部種植開運竹，如果開運竹能順利生長，並保持青翠，則無礙，否則還是應儘快搬離。

餐廳左右兩牆的窗戶對開

有些人家為了保證餐廳的透氣性，加快空氣的對流，有利於餐廳菸酒味的散發去除，常常在餐廳左右的兩面牆上都開有窗戶，此時應注意這兩扇窗不要正對，避免財氣從一扇窗進來，又馬上從對面的窗子跑了，導致無法藏風聚氣。遇到這樣的情況，可以在窗戶上加裝上窗簾，而且其中一邊的窗簾要經常收攏，不能同時打開，也可以在其中一扇窗前放置屏風，來加強其藏風聚氣的效果。

餐廳裡有尖角

一般說來，餐廳應該選擇方方正正的房間，不宜有尖角或凹進去的角，這些角都會放射煞氣，對在餐廳內就餐的人產生不利的影響。如果想化解尖銳的屋角帶來的煞氣，你可以在角落裡放一盆大葉植物的盆景，這樣一來，既美觀，又可以增加食欲。

餐桌大小

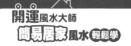

有人在居家佈置時為了營造一種豪華大氣的效果，認為餐桌越大越好，為了追求豪華效果而購買大餐桌。但餐桌的大小應與餐廳的大小相匹配，如果餐廳大，則沒有什麼壞處，但廳小桌大就會導致出入不便，影響風水。如果家中就餐的人數不多，坐在大餐桌上也會製造人丁稀少的感覺。最好是家人坐上餐桌後最多有兩個空位的餐桌，它既能製造家人圍坐在一起的熱鬧感覺，也為可能到來的客人預留了空間。

餐桌的形狀

傳統的宇宙觀是「天圓地方」，因此風水學認為，人們的日常生活用具也應多以圓形和方形為主。傳統的餐桌形狀就是非圓即方。

1. 圓形餐桌

圓餐桌從外形上看像十五時的滿月，家人圍坐時更能展現團圓的氛圍，有利於人氣的聚集和家庭成員之間關係的和睦。

2. 方形餐桌

方形的餐桌四平八穩，四角無殺傷力，有穩重、公平之意，再加上又有四仙桌和八仙桌的說法，因此更加吉利。若家中成員較多，可選擇長方形或橢圓形餐桌。

此外，切記選擇有尖角的餐桌。如三角形餐桌，就可能導致家人不和，健康受損；菱形餐桌，則易導致錢財外洩。波浪形餐桌雖然不合傳統，卻沒有棱角，勉強可以使用。

餐桌的材質

　　在選擇餐桌的材質時，人們不僅要選用便於清理的餐桌材質，還應注意餐桌材質對人心理造成的影響。

　　一般來説，木質餐桌是餐桌的首先。這是因為木質的餐桌擁有環保、親和的特點，再加上來自山林的自然氣息，更有利於吸納。另外，從風水上説，木質餐桌十分溫和，無論是家人團聚吃飯，還是閒來喝茶聊天，都更容易產生親近感，使家庭和睦。

　　如果選大理石、玻璃等材質的餐桌，雖然兩者分別有華麗和晶瑩的感覺，很適合現代住宅的時尚風格，但顯得冰冷，人體進食後產生的能量會被迅速吸收，不適宜飯後久坐交談。因此，在選擇這類材質作為餐桌時，可以用大理石桌面搭配木質桌腳，透過這樣的組合方式來進行調和。

餐桌有尖角

　　餐桌作為人們每天都要使用的物品，首先要考慮到它的方便及安全性。如果桌角太尖，容易被撞傷，或刺傷兒童。另外，尖角在風水學中被認為是禁忌，越尖的角，殺傷力越大。若餐桌有尖角，則會傷及家人的健康，容易導致家人之間的口角矛盾。因此，有尖角的餐桌不宜使用。

餐桌擺放

　　餐桌是家庭成員聚集吃飯的地方，應該放在相對安靜的地方，以保證家庭成員用餐時的心情。

因此，首先應避免把餐桌擺放在正對大門的位置，容易犯沖而導致元氣的洩漏，必須用玄關擋住。

餐桌也不能放在正對廁所的地方。一方面，廁所散發出的氣味會影響進餐的心情。另一方面，在風水學上廁所是「出穢」的不潔之地，聚集在此的陰氣會影響家人的健康。如果因住宅佈局而無法將餐桌擺放在其他的地方，則可以將一個養著開運竹或鐵樹頭的小水盤擺放在餐桌的正中，用以化解沖煞。

餐桌的位置與通道

如果在餐廳周圍設置了過多的通道，就會出現過多的氣流，進而破壞掉一家人在此安靜享用美食的溫馨氛圍。這是因為在多股氣流中就餐，就如同身處旋渦之中，令人感覺緊張。長期在此環境中進食，勢必影響健康。因而餐桌周圍要儘量減少設置通道。

餐桌正對神台

人神有別，因此不宜將餐桌對著神台。神臺上供奉的都是神仙和祖先，仙凡有別，人鬼殊途，故而不宜與現實生活著的人有太多親近的空間。

如果神臺上供奉的是佛祖、觀音等佛教人物，卻每日看著一家人在餐桌上大魚大肉，實為不敬。兩相犯沖，必定對人的健康有所損害，因而還是讓神台遠離餐桌為宜。

餐桌之上用燭形吊燈

前面講過客廳的白色柱子有蠟燭之意，因此視為不吉之兆。而在餐廳有一種吊燈是將燈做成了蠟燭的形狀，如同古老的歐式城堡中的蠟燭吊燈一般。但在東方，白色的蠟燭通常用於喪事，如在餐廳中懸掛燭形吊燈，無疑是將一堆白蠟燭放在了餐桌上。就餐時與白蠟燭相對，會不停地在潛意識中對人的健康產生負面影響。因此，人們應在選用這種蠟燭吊燈時應避免選擇白色。

餐椅正上方有吊燈

在現代傢俱佈置上，人們常常採用吊燈裝飾照明，但要注意吊燈千萬不要位於餐椅的正上方，否則就餐的人會被燈壓。

餐廳的燈為了增加食物的效果，燈光的方向多是向下的，這就如同有把劍從天而下。如果就餐的人坐在燈的下方，就會有懸劍在頭的感覺。長期被燈壓會影響人的運程，化解的辦法是改變座位的位置，即使稍微移開一點也是有效果的。

餐椅的數量

一般來說，餐椅的多少應主要根據家人的多少來決定。但在數目上，餐椅適合搭配為五、六、七、八、九張。其中五、七、九三個數為陽數，是幸運的數字，而六和八為傳統的吉祥數字。一般來說，餐椅應比家中常住人口略多出一兩張，利於客人到來時就餐。

安排餐廳座位

通常一家人聚餐都有習慣的座位，如果每個人都坐在了對自己吉利的方位，就是最理想的全家開運法。每個人根據命卦都有適合自己的四個吉利方位，至少應該坐在其中一個方位上。

最好的安排當然是根據不同人的需要來安排座位。父親如果是家中主要的經濟支柱，則應將其座位朝向生氣方；母親主要負責家中關係的維繫和和睦，則應將其座位朝向延年方；讀書的子女要令文昌運興旺，最好朝向伏位；家中的長輩應保其健康，最好朝向天醫方。

不能將筷子插在飯碗裡

在的餐桌禮儀中，筷子的使用方式也是一項十分重要的飲食禮儀。如果你在吃飯時將筷子插在盛好米飯的飯碗上，是大不吉利的象徵。這是因為按照傳統的規矩，只有在人過世後做「七」時，才能將筷子插在飯碗上，以方便亡靈享用。如平時也將筷子插在飯碗上，會在潛意識中產生不好的影響，故而是風水中的大忌。

餐廳擺放物品

如果餐廳空間較為寬闊，人們可以選擇在餐廳擺放福、祿、壽三星，分別代表財富、健康、長壽。

人們應經常在餐廳放些水果，可以放代表富貴的橘子，也可以放代表健康和長壽的桃子，還可以放代表子孫滿堂的石榴。

因為餐廳是家中財庫的象徵，如果在餐桌的一邊掛上鏡子，透過鏡子的反射作用，映照出餐桌上的食物，可以使餐桌上的食物變多，達到加倍聚集食祿的效果，使財富加倍。

在餐廳擺設龜缸和盆景有助於增加餐廳的活力，令在餐廳就餐的家人心情愉悅。魚缸中的魚最好選顏色鮮豔的，數量應為單數。如果

家中女主人的命卦水多，則應種植綠色的闊葉植物，以示生命旺盛、生生不息，助旺財運。

冰箱

　　一般來說，冰箱最好擺放在廚房裡。但有時候也會因為廚房空間狹窄，難以擱置冰箱，進而選擇將冰箱擱置在餐廳，這時要注意將冰箱朝北擺放。按照五行劃分，南方屬火，若冰箱朝南擺放，則容易因水火不容而引發事故。北方屬水，朝北擺放則可以吸納北方的寒氣，是最佳位置。

酒櫃

　　酒櫃通常又高又寬，在風水上可以看作是一座山，按照吉方宜高宜大的要義，應該將它擺放在屋主的本命吉方。如果屋主命卦屬東四命，酒櫃就最好擺在餐廳的正東、正南、正北、東南這四個方向。

　　如果屋主命卦屬西四命，那正西、西南、西北和東北則是餐廳擺放酒櫃的最佳方位。

　　為了使收藏的酒顯得更漂亮，酒櫃一般都會用玻璃來做背板。因此，在擺放時切忌與神台正面相對，因為玻璃會將神台的香火反照出來，犯了風水大忌。另外，酒櫃水氣較重，而魚缸也多水，所以不宜將兩者擺放在一起。

餐具

一些人喜歡在餐廳懸掛一些大刀叉形狀的裝飾物品，雖然造型別致，但刀叉的形狀始終具有煞氣，應小心對待。刀叉是利器，在五行中屬金，即使是木製刀叉也有較多的金屬性。西方和西北方五行屬金，如果將刀叉放置在這兩個方位，就會助長金氣的力量，可能導致家人受傷。如在東方或東南方懸掛刀叉飾品，則沒有太大的危害。

餐廳裡的飾物

有些人家在對廚房進行裝修的時候，會給廚房設計一些擺放物品的隔間。這些小隔間裡裡除了可以擺放一些餐廳的雜物外，還可以放一些有利於風水的飾物。例如懸掛水果和食物的圖畫，可以增進食欲，帶來好運，擺放壽桃代表多壽；擺放石榴代表多生貴子；擺放福祿壽三星，代表財富、健康和長壽；懸掛蝙蝠的圖畫代表多福。

餐廳裡的鏡子

風水學中認為，餐廳是家裡的暗財位，鏡子可以把食物照成雙份，這樣一來就可以讓家裡的財富翻倍。所以，只要條件允許，你完全可以在餐桌旁邊掛一面鏡子。至於餐廳中鏡子的位置，一定要注意一點，鏡子的高度要在餐桌的高度之上。

餐廳裡的空調

風水學認為，在餐廳裡安裝空調可以調控餐廳的溫度，使之冬暖夏涼，溫度適宜，但是在安裝空調的時候要注意一些問題。例如，餐

廳的空調最好不要在餐桌的上方或附近等。因為空調使用後，裡面會有灰塵，直接對著餐桌吹，灰塵就會吹到碗盤裡。

餐廳與廚房共用

風水學認為，有些人為了方便，將餐廳和廚房打通，或將餐桌擺在廚房裡，這是不利於風水的行為。正確的做法是讓餐廳和廚房各自形成獨立的空間。

廚房在風水上代表財源和財庫，是堆積財富的地方；餐廳則是一家人共用食物，消耗財富的地方。兩個地方有本質上的不同，如果連為一體，容易致使家庭在理財方面的混亂，家人也可能出現不理智消費的情況，負債和投資失利的機率會大大增加。

如果餐廳與廚房已經連為一體，應使用屏風來製造間隔效果。餐廳最好呈方正的形狀，這樣既方便裝修，又能令在此進餐的家人感覺安穩、踏實。如果餐廳出現了缺角的情況，應在缺角處安裝鏡子，以增加該處視覺上的空間，象徵性地對其進行彌補。

餐廳增加住宅陽氣

要想增加住宅的陽氣，在設置餐廳的時候也要有所注意。因為人體的絕大部分能量都來自於進餐的食物，因此，作為進食區域的餐廳也跟家庭的財富有著密切的關係。在進行住宅的裝修時，應儘量以明亮、輕快、素雅的色調為主，不能反光或太刺眼，以白色、淺黃、淺橙色等為宜，並適當增加餐廳的照明，這樣可以增加火行能量，為住宅蓄積更多的陽氣。另外，在餐廳擺放一些富有生氣的植物，可以增強住宅的陽氣，提高財富運勢。

第十一章

廚房

廚房的風水作用

　　風水學認為，陽宅三要素主要是「門、主、灶」，廚房是爐灶所在地，是住宅風水的重要要素之一，僅次於大門和主臥室。它不僅是全家人補充體能的地方，還代表著家裡的財庫。如果風水不好，一會招來家宅不寧，二會影響身心健康，三會導致財運受損，所以廚房的佈置、擺設一定要慎重考慮周全。

五行定廚房方位

廚房方位	五行	功效
東方、東南方	木	為木火通明的格局，利於貴人運，能得到他人的扶持和幫助。
南方	火	雖然助旺廚房，卻是火上加火，只能算是小吉。
西南方	土	土洩火氣，不利廚房。而西南方又是病符所在的方位，廚房是製作食物的地方，容易導致病從口入，不利家人健康。
西方、西北方	金	火金相向的格局，會使運氣反復。
北方	水	雖然水能剋火，但在此處卻為水火即濟，廚房在此能保家人平安。
東北方	土	為火土相生，是融和之兆。

在確定廚房方位時，人們需要考慮風水的五行原則。廚房屬火，因此宜找出與之匹配的五行方位，規避與其相悖的方位。

廚房設置在凶方

風水學認為，西北方代表天，如果廚房位於西北方，就形成了火燒天門的格局。

火燒天門對健康不利，而西北方代表的家庭人員是父親，這就可能導致家中的男主人患上肺部或肝臟部位的疾病。所以，西北方屬於凶方。

同理，爐灶也不能放在廚房的西北方。從宅命盤來看，山星六出現的方位也不能設置廚房或爐灶，這也是火燒天門的格局。

廚房正對陽臺

如果將廚房正對陽臺，就形成了風水學上的「穿心」，不僅會導致家中財氣難以聚集，還會有破財之事，嚴重的還會影響家人的團結和睦。

為了化解這種「穿心」的格局，可以在陽臺與廚房之間放上盆栽，或是弄一個爬滿藤類植物的花架，既美觀，又將兩個空間隔開了。對於有落地門窗的陽臺，要儘量拉上窗簾。

在不影響行動的前提下，在廚房與陽臺之間設置櫃子、屏風等，也是化解的可行方法。

廚房地面

風水學認為，住宅的房間是有主次之分的，廚房隸屬於次房，因

此在設計時宜低於客廳和其他房間。這樣，從廚房到其他房間，意為步步高升，否則就有退財去運的感覺。而從環境衛生的角度考慮，廚房地勢低於其他房間，可以有效防止污水倒流。

裝修廚房地面和牆壁

廚房的功能不同於其他屋子供人休息的功能，它是專門用於製作食物的地方，因此這裡常常油煙彌漫，整個房間都佈滿油漬。一旦不及時清理，就會令廚房變成藏污納垢之所。因此，廚房的牆面應貼上白色等淺色調的瓷磚，一來方便看清油漬所在的位置，二來可以方便清潔。

而廚房的地板上不僅可能濺到油漬，還可能有許多水漬，容易導致人們滑倒摔跤，因此應在廚房的地面上安裝防滑地磚。但不應選用凹凸不平的石料做地板，否則不容易清潔。此外，還應在廚房地上設置一個出水口，最好在裝修廚房前，先對整體地面進行防水處理。

廚房的頂部

風水學認為，除了地面和牆壁外，廚房的頂部也很重要。因為廚房在使用的過程中會產生很多的熱氣，聚集在頂部天花板上就會集結為很多的水珠，所以一定要運用方木支架、塑膠扣板和鋁製扣板來對頂部做處理，這樣一來就能獲得好的風水了。

廚房死角

一般來說，廚房中最容易被忽視的死角是櫥櫃、牆角和水池下方等地方，這些地方往往灰塵積聚，還容易滋生細菌和蟲類，因此容易

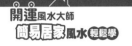
聚集穢氣,是風水上的必須重視的地方。

因此,在進行廚房的裝修時,櫥櫃要盡可能採用封閉式設計,並做到上吊頂、下靠牆,水池底座也儘量採用落地式封閉設計,這樣就能避免死角,既美觀衛生,又避免了在死角藏污納垢。同時,廚房應保持氣流的通暢,避免雜物的堆放在此處形成死角,阻礙人的活動,也影響氣流的流動。

廚房照明

無論是從風水還是從實用的角度來看,廚房都應保持乾爽、清潔和明亮,這就需要廚房具備充足的光線。如果由於建築不當的關係,使得廚房不能擁有充足的天然光線,那就需要人們增設照明系統來增加廚房的明亮度。一般來説,在設置廚房的照明時要注意這樣幾點:

1. 可調節

廚房的照明系統應該設置成可調節的,這樣當感覺燈光暗淡或者是刺眼的時候可以進行調整,以便使人們在廚房中感到舒適而自在。

2. 多層次

一般來説,廚房的照明不應只安裝單獨的照明設施,而應安裝一個由不同燈具和光源組成的多層次的照明系統。例如,人們應該要在廚房的天花板上安置燈具,在灶臺上方的懸掛式櫥櫃地步也應安裝燈具,以方便烹飪時的照明。

廚房的色調

無論是從風水的角度、環境衛生的角度,還是心理影響的角度來看,廚房的顏色都宜選用白色。

從環境衛生的角度來看,白色可以表明衛生狀況好,一塵不染的

廚房可以讓人對食物放心。從心理影響的角度來看，廚房的色調和人的食欲有著密切的關係。色彩能夠在潛意識中調動起人的情緒，在用餐時，無論哪種情緒被調動起來，都會對食欲產生抑制，進而干擾到進食。白色是所有色彩中最簡單的，有助於情緒的平復。

不管是端菜還是盛飯，當人走進廚房時，廚房四面的白牆能夠使飯前各種激動的情緒漸漸平復，使人的注意力轉移到飯菜上，進而喚起食欲。在進行廚房裝飾時，選擇適當的色彩可以有效地改善視覺和心理。自然，廚房的色彩除了選用白色為宜之外，也可以選擇其他淺色調的顏色。如果廚房空間較小，宜選擇亮度高、色調淡的顏色，這樣可以產生舒適寬敞的感覺。反之，對於高闊的廚房來說，選擇較深的顏色進行處理，可以去除廚房的空曠感。

廚房朝北，可以選擇偏暖的色彩，可以提高室內的溫度感，使空間顯得熱情活潑，也可以增強食欲。

為了避免夏季時陽光直射帶來的炎熱，朝東南的廚房可以儘量多採用冷色調來裝飾，既顯得寬敞舒適，又達到了降溫涼爽的效果。

從風水學的角度來看，廚房的顏色使用白色是涵養福氣的象徵。

廚房門

在居家風水中，廚房門的風水也是極其重要的部分。《陽宅三要》中說：「開門見灶，錢財多耗。」因此，廚房門如果正對住宅大門，會有損健康，並導致運氣反復，不易聚財。

廚房門正對著臥室門，油煙容易沖進房間，使人頭昏腦脹，引起脾氣暴躁。灶台是財庫，廚房門如果正對著灶台，在風水學中就被稱為財露白。要是廚房門長期敞開，而且一眼就能看到灶台，那就代表錢財流失，要儘量避免。

廚房和廁所同一個門進出

廚房作為一家大小的口腹之源，所以需要多多吸納吉氣。廁所則是住宅的污穢之地，會散發不吉之氣。而且，廚房是屬火之地，而廁所卻是屬水之地，兩者同用一道門進出，會導致水火不容，引起家中夫妻關係不和。另外，從衛生上說，廁所緊鄰廚房，也容易造成各種細菌、病毒的污染，令人健康受損。廚房與廁所應儘量隔開，否則廁所的污穢之氣會全部沖到廚房，錢財當然也留不住了。此時可以設置L形的屏風將穢氣匯出，或是在廁所門加掛一個長布簾，並於廁所門檻上安置一組五帝錢來作化解之用。要注意布簾的長度以超過瓦斯爐面的高度和廁所馬桶的高度為宜，布簾的材質以看不透的材質為宜，千萬不要選擇蕾絲或是珠簾。另外，就算廁所暫時不能用，也千萬不能把衣服脫光了在廚房裡擦身子，這是對灶神的大不敬，會影響到財運。

爐灶方位

安置灶台要選擇吉祥的方位，設置爐灶時也要注意避開一些不易設置爐灶的地方。

1. 不要放在橫梁下方

作為烹製食物的地方，爐灶不宜設在橫梁下方，否則不僅有受壓制的感覺，爐灶散發的熱量還會直沖橫梁，表示頭上發熱，造成全家不安。

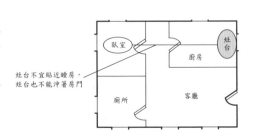

2. 不要放在水管下方

爐灶不能位於水管的下方，水火相沖，會影響財運。

3. 不要置於廁所下方

爐灶不要位於上一層廁所的下方，廁所的穢氣會影響爐灶。

4. 不要讓爐灶無所依靠

在安放爐灶時，背後一定要是實體牆，不能安放在玻璃牆或其他沒有依靠的地方。否則，灶後虛空無所依靠，會影響灶主的家庭健康、婚姻和功名等。

5. 不要置於廚房中央

爐灶不適合設置在廚房的中央，否則它會導致廚房中心火氣過旺，進而影響家人情緒，可能導致家庭失和。

此外，也不可在抽油煙機和爐灶之間開窗，否則會漏財。

灶台方位

設置灶台的時候，要儘量尋找跡象的方位。這是因為廚房代表居住者的財帛、食祿及健康狀況等，它的方位會影響到家庭的健康與發展。從總的原則來說，將其設在南方、東方、北方三個方位是吉祥的。

灶台方位	風水解析
東方	利於聚集財氣，可以避開偷盜和火災，還可以防止家人浪費，有助於形成勤儉持家的氛圍。
南方	有著鎮凶辟邪的作用，不僅可以使家人健康、長壽，也能讓家中的小孩兒茁壯成長，精神十足。
東南方	防止禍害。
北方	避免水災、火災等意外，以及訴訟糾紛等，確保家庭平安。

爐灶的朝向

　　關於廚房爐灶朝向安排的問題，切忌在做飯的時候將臉向著大門。這是因為在風水學中，傳統爐灶的朝向是以進柴禾的入口為向，現代爐灶的朝向是以爐灶開關為向。如果單就廚房而言，廚房門斜對角的位置是聚氣的方位，在此處安裝灶台可使爐灶斜對著門，既不及開相沖，又能點燃從門口進來的生氣，利於宅運。

　　具體安裝爐灶，還應根據整個房屋的情況來定。爐灶的朝向切忌與住宅朝向相反，此為背宅反向的格局，屬不吉之相，容易招致是非口舌，家人不合，錢財外流，如果因為廚房佈局的關係，無法將爐灶對著宅主的任何一個吉方，那麼可以將爐灶對著母親的延年方，以促進家庭和諧。

　　北面屬水，為防止水火攻心，爐具不宜坐南向北設置，也不宜正對著門窗等風口，否則會導致火勢逆流，引發火災危險。

以二十四山來推斷爐灶的方位

　　根據二十四山推斷，爐灶不宜安放在以下五個方位：

二十四山	風水解析
南方的「午」方	容易有火災、眼病
西南方的「坤」方	會有礙健康
北方的「子」方	容易家庭不和
東北方的「艮」方	會對健康不利
西北方的「乾」方	會不利宅主

結合宅命與個人命卦來確定爐灶朝向

要想找對該家庭或個人最好的爐灶朝向，人們應該將爐灶與宅命或個人命卦相結合，則可推算出，即用東西四宅和東西四命的吉凶方位來決定爐灶的朝向。

八宅派認為，爐灶的氣焰可以壓制煞氣，因而爐灶應該坐凶方向吉方，才能壓制凶神，吸納吉氣。根據爐灶坐凶向吉的特性，東四宅和東四命所禁忌的方位，正是西四宅和西四命所適宜的方位。

爐灶的八宅方位	風水解析
生氣方	可能會出現墮胎、無子、誹謗、逃亡、窮困、六畜破敗的情況。
天醫方	可能會出現久病、體弱、瘦弱、服藥無效的情況。
延年方	可能會出現窮困、短壽、夫妻不和、易病、田畜破敗的情況。
伏位方	可能會出現窮困、諸事不顧的情況。
絕命方	會長壽、添丁、發財。
六煞方	會沒有是非、火災，發財而健康。
禍害方	會沒有是非、疾病、破財的情況。
五鬼方	不會被盜被搶，沒有禍害、疾病，上下和順、發財、大旺田畜。

具體來説，八宅、命卦與爐灶方位的影響關係如下表：

八宅、命卦	爐灶方位	風水解析
震宅震命	坐西北向東南	這是坐「五鬼」向「延年」，符合坐凶向吉的要求。爐灶向著延年方，利於夫妻和睦，福壽康寧。
	坐西向東	這是坐「絕命」向「伏位」，主家庭和順、平安。
巽宅巽命	坐西向東	這是坐「六煞」向「延年」，符合坐凶向吉的要求。爐灶向著延年方，利於夫妻和睦，福壽康寧。
	坐西北向東南	這是坐「禍患」向「伏位」，主家庭和順、平安。
坎宅坎命	坐西北向東南	這是坐「六煞」向「生氣」，符合坐凶向吉的要求。爐灶向著生氣方，能有大貴，青雲直上，子孫榮耀。
	坐西向東	這是坐「禍害」向「天醫」，主財源廣進，健康長壽。
離宅離命	坐西向東	這是坐「五鬼」向「生氣」，符合坐凶向吉的要求。爐灶向著生氣方，能有大貴，青雲直上，子孫榮耀。
	坐西北向東南	這是坐「絕命」向「天醫」，主財源廣進，健康長壽。
乾宅乾命	坐東向西	這是坐「五鬼」向「生氣」，符合坐凶向吉的要求。爐灶向著生氣方，能有大貴，青雲直上，子孫榮耀。
	坐東南向西北	這是坐「禍害」向「伏位」，主家庭和順、平安。
兌宅兌命	坐東南向西北	這是坐「六煞」向「生氣」，符合坐凶向吉的要求。爐灶向著生氣方，能有大貴，青雲直上，子孫榮耀。
	坐東向西	這是坐「絕命」向「伏位」，主家庭和順、平安。

八宅、命卦	爐灶方位	風水解析
艮宅艮命	坐東南向西北	這是坐「絕命」向「天醫」，符合坐凶向吉的要求。爐灶向著天醫方，利於財源廣進，健康長壽。
	坐東向西	這是坐「六煞」向「延年」，主夫妻和睦，福壽康寧。
坤宅坤命	坐東向西	這是坐「禍害」向「天醫」，符合坐凶向吉的要求。爐灶向著天醫方，利於財源廣進，健康長壽。
	坐東南向西北	這是坐「五鬼」向「延年」，主夫妻和睦，福壽康寧。

爐灶與洗碗池

　　按風水的五行來看，爐灶屬火，因此應避免一些屬水的物品，以避免水火相沖，破壞宅主的運勢。而在廚房中，最明顯的屬水的物品就是洗碗池，因此宜將爐灶與洗碗池呈垂直擺放，如果順排擺放，至少中間要留一個可以切菜的緩衝帶。

　　如果不能設置緩衝帶，至少應該擺放一個盆栽來緩和。特別是不能將爐灶放在水槽和冰箱之間，雙水夾火，可能導致禍事不斷。

　　此外，洗碗機、洗衣機等電器也屬水，也不宜緊鄰爐灶擺放。冰箱的屬性比較複雜，它既有水的屬性，也有金的屬性，因而爐灶至少應與它保持三十公分的距離。

爐灶擺在陽臺上

　　一些人家由於住房面積有限，所以將陽臺充份利用，以擴大居室的面積，且將爐灶放在陽臺上，會嚴重的影響到家人的運氣，會導致

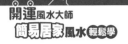

漏財、財運不穩等事發生。所以陽臺上最好不要擺放爐灶,一定要擺放爐灶,就需要在陽臺四周擺放 36 枚古錢來穩定氣場。

瓦斯爐

如今,瓦斯爐的使用率越來越高,那麼瓦斯爐到底應該擺放在哪裡呢?瓦斯爐不能擺放在廚房的西北角,因為,在八卦理論中,西北角為乾卦,五行屬金,而瓦斯爐屬火,火剋金,犯了風水的大忌。這樣擺放對家庭的主人不利。瓦斯爐也不能擺放在正對著廚房門的位置,否則會對家人的健康不利。

電磁爐

風水學認為,廚房是一家口腹重地,因此廚房風水的好壞直接影響到整個住宅的風水,而爐具作為烹飪中最重要的物件,是一種創造力和貢獻力的象徵。選擇好的爐具,才能有利於提升家運。

在進行爐具的選擇時,最好是明火爐具,如瓦斯爐等,熊熊的火苗一方面可以彌補某些廚房由於先天格局造成的黑暗,另一方面可以提升廚房的能量,增加財運。

現代家庭對電磁爐的使用較多,普遍認為它乾淨、方便,而且沒有廢氣排放的危險。但是,電磁爐釋放的磁力會對住宅的磁場造成破壞,要儘量避免用它作為主爐。

壞鍋子放在廚房裡

鍋的使用壽命是有限的,總有壞的時候。鍋壞了,有些人去補補,當然,這樣還能繼續用,沒什麼影響。但是,如果不能及時去補,或

者想換新鍋時，就一定把壞鍋子放到合適的地方，不要放在廚房的角落裡。不然，你會一直破財的。

供奉灶神

很多家庭都會在廚房中供奉灶神，這是因為灶神在傳說中是專管廚房的神仙，他是每個家庭的守護神，能防止鬼怪妖邪入侵。

要想好好供奉灶神，首先要為灶神設置一個好的棲身之所——爐灶，一般來說，供奉灶神的位置最好是在爐灶之上。如果爐灶上方沒有用來供奉的位置，則可將灶神供奉在廚房的南面。這是因為灶神五行屬火，正合適於屬火的南方供奉。

時常做飯的廚房，灶神才會光顧，否則冰冷的爐灶沒有給灶神溫暖的地方。在傳說中，每年農曆臘月二十四日，是灶神返回天庭向天帝報告各家善惡的時間，所以傳統的家庭會在二十三日或二十四日祭灶。拜祭的物品有酒和糖，酒是希望灶神喝醉後不會把自家的過失報告給天帝，糖是希望灶神能多說好話。有些地方還會用糯米湯圓祭灶神，是希望糯米粘住灶神的牙齒，讓祂口齒不清。

爐具擺在吉利方

廚房是屬火之地，因此宜將屬火的爐具都擺在廚房的吉方，以火嚮往，利於提升宅主運勢。抽油煙機、爐灶、水龍頭、微波爐、電鍋、高壓鍋、烤麵包機等，都應安排在四個吉利的方位上。就連與之相應的電器插座也應該位於吉利方位。

以電鍋為例，電鍋以開關所在方向為向方。

電鍋開關朝向	風水解析
朝北	是火向著水，為水火既濟的吉利之兆，利於家人平安。
朝東北	是火向著土，土火相生，為中吉之兆。
朝東或朝東南	是火向著木，為木火通明的吉兆，會有貴人相助。
朝南	是火對著火，雖然火氣太盛，卻也是在助長火氣，算是小吉。
朝西南	是火生旺病符，容易令家人得病。
朝西或朝西北	是火朝著金，火能剋金，令家運反復，為小凶。

懸掛式櫥櫃

　　無論是從風水的角度還是從人身安全的角度來看，懸掛式櫥櫃最好不要位於爐灶的上方，主婦做飯菜時，櫥櫃就如同一道橫梁壓在主婦頭頂，影響主婦的身體健康。櫥櫃也不適宜離爐灶太近，它可能致使油煙無法有效地散失，油煙也會從縫隙中鑽進櫥櫃，形成油漬。這既不利健康，也影響美觀。櫥櫃與爐灶之間最好有80~100公分的距離。

廚房的冰箱

　　在無形中，爐灶屬火，冰箱屬水，而爐灶屬火，水火相遇必損運勢。因此，冰箱不宜擺放在正對或緊鄰爐灶的位置，容易導致家人身體不順。

　　在避開爐灶的情況下，冰箱最好是朝北擺放，既可以納北方的寒氣，又可以避免因水火不容而產生的家庭口角。

冰箱的五行中還有金的屬性，因而如果家中有成員的命卦中缺金，就可以將冰箱放置在該成員所屬的方位上。這個方法也可運用到其他房間，如缺金的是家中的宅主，就可將冰箱放到客廳，以增強其金運；如缺金的是家中的兒子，則可以將一個小冰箱放在其臥室的櫃子中。

此外，要注意的是，儘管冰箱是冰冷而笨重的電器，但它並不適合置於住宅凶方來壓制惡煞。這是因為風水學認為，凶方的禁忌是宜靜不宜動，而冰箱是家中運轉時間最長的電器，幾乎二十四小時不停歇，將其放置在凶方，無疑會攪擾凶星，刺激它肆虐橫行。再者，冰箱是家中儲藏食物的地方，實為家中的財庫，將財庫放置在凶方，可能導致洩財。故而冰箱應放置在吉方，而非凶方。

冰箱的顏色與五行的關係

一般來說，人們都會選擇白色的冰箱。但是風水學認為，人們還是應該根據自己的五行所缺來選擇冰箱的顏色。

五行所缺	冰箱顏色
缺金	白色
缺水	藍色
缺木	綠色
缺火	紅色
缺土	黃色、咖啡色

冰箱招財

冰箱是用來儲藏食物，是聚財之所，是風水中的財庫。為了招來財運，冰箱裡千萬不可以空蕩蕩的什麼都不裝，一定要及時補給，冰箱裡滿滿的食物象徵家中衣食無憂。

排氣扇安裝

在現代的廚房中，排氣扇是必不可少的一個工具，它被用來將廚房內的污濁空氣抽出室外。在風水學上，「動」的東西屬陽，有加強、奮發的含義，常用來增強某一方位的力量。排氣扇正好符合這一原則，所以必須放在住宅內的吉方。

排氣扇可以使廚房的氣流動起來，因此要放在可以增加吉氣的地方。按照風水上左青龍、右白虎、前朱雀、後玄武的說法，在廚房門口面對牆壁站立，則左邊的牆壁就是主吉的青龍方，右邊的牆壁是主凶的白虎方。因此，把排氣扇安裝在左邊的牆壁更能增加吉氣。

廚房用具與命卦的關係

廚房作為家庭的口腹重地，每個人都免不了與筷子、飯碗等廚房用具打交道，這些器具也能對人產生不同的影響。因此人們應根據自己不同的命卦，來選擇符合自己命卦特徵的廚房用品，以增加好運。

符合命卦特徵的用具，不但要經常使用、看到，還需要放在生旺、輔佐的方位，才能更好地發揮作用。

九星	卦相	五行	代表人群	適合廚具	風水解析
一白星	坎卦	水	中男	玻璃器皿、咖啡組、酒瓶、開罐器、封閉式容器。	水是透明的，而中年男子通常與酒有緣。所以該命卦的人適合用透明質感的、偏男性的廚房用具。
二黑星	坤卦	土	老母	平底的碗、碟子，及其他樸素的器具。	土，渾厚而樸實，一如勤儉持家的老母一般。所以該命卦的人適合使用簡樸的、有大地色澤的廚房用具。
三碧星	震卦	木	長男	竹蒸籠、竹筷、牙籤、烤箱、微波爐等。	木代表木製品，長男常被各種新式電器吸引，喜歡快捷簡單的生活方式。所以該命卦的人適合使用木製器具及廚房電器，而忌諱使用看上去古舊的物品。
四綠星	巽卦	木	長女	漆器、歐式精品、薄容器等。	木代表木製品，長女通常是潮流時尚的追求者，特別喜歡昂貴的品牌貨。所以該命卦的人適合使用木製器具及高檔的、輕薄的物品，但忌諱使用廉價的物品。
五黃星	坤卦	土	皇帝	豪華型、簡樸型餐具兼用。如對客人應該使用豪華的餐具，而自己則適合使用樸素一些的餐具。	皇帝代表其權勢能威壓八方，而土卻是代表內在的樸實性格。所以該命卦的人適合同時兼有豪華的和簡樸的餐具。

九星	卦相	五行	代表人群	適合廚具	風水解析
六白星	乾卦	金	老父	陶瓷器、塑膠製品等。	老父通常都有節儉、樸素的性格，所以該命卦的人適合使用樸素的廚具。
七赤星	兌卦	金	少女	杯、盤、茶托、裝飾性陶瓷器、調理用具。	少女通常對事物充滿了夢想，喜歡去裝扮生活，所以該命卦的人適合使用比較複雜的餐具和具有更多功能性的廚具。
八白星	艮卦	土	少男	鍋、密封式容器、富有民族風味的手工藝品。	少男通常對事物充滿了好奇心，並喜歡去研究，所以該命卦的人適合使用動手性強的器具和能引起更多聯想的廚具。
九紫星	離卦	火	中女	宮廷風格的裝飾書或模型、糖果盒、容器、圓形或球形器具。	中女是有能力的並可以孕育生命的女人，火則代表著熱情，即可以將兒時的夢想——實現。所以該命卦的人適合使用更具有包容性的器具，最好能富有浪漫的宮廷色彩。

廚房裡的植物

　　廚房的環境濕度比較高，非常適合植物的生長，而植物的色彩和生命力，也能為廚房帶來更多的生氣。

　　在選擇植物時，應該排除那些嬌貴難養的品種。另外，廚房的油煙多、溫度高，也不適宜擺放大型的盆栽。因此，像吊蘭、鳳仙、吊竹草之類的小型盆栽就很適合。尤其是吊蘭，它可以有效地吸收廚房內的一氧化碳、二氧化碳、二氧化硫以及氮氧化物，過濾空氣中的有

害氣體。

　　另外，不同方位的廚房也有不同的植物擺放講究。如果廚房位於南方，則適合擺放觀葉植物。因為，此方位會受到太陽光的強烈照射，會使人產生亂花錢的傾向，而觀葉植物可以緩和太陽氣，有助於儲蓄。

　　廚房的最佳方位是在東方，如果是在其他方位，可以在冰箱附近擺放紅花植物，有利於保持身體健康。尤其是當廚房位於西方時，在窗戶邊擺放二色紫羅蘭、水仙或其他金黃色的花，一方面可以抵擋惡氣，另一方面也能帶來財運。

廚房中安鏡子

　　隨著現代傢俱裝修中玻璃製品的廣泛應用，許多人喜歡用玻璃來裝飾居室。同時也為了更好地提升廚房的明亮度，有些人選擇色在廚房中安裝鏡子，以便在視覺上改變較狹小、陰暗的印象。然而，風水學認為，在廚房中安裝鏡子是風水中的大忌。

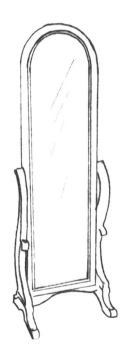

　　風水中，忌諱鏡子照到爐灶，尤其是當鏡子安裝在爐灶之後，照到鍋中正在烹飪的食物，則是大忌。在風水上，這種格局為「天門火」，它大大地增加了廚房的火氣，容易招致火災或不幸。

　　在通常情況下，家中都有女主人入廚，因而爐灶也代表了家中的女主人。如果鏡子照到爐灶，則代表女主人脾氣暴躁，而且鏡子的反射效果會使廚房中出現兩個爐灶，意味著這個家中將出現兩個女主人，就可能暗示著丈夫有外遇。

電鍋

風水學認為，廚房內各種鍋具的擺放也能達到影響居家風水的作用，飲食是否健康，直接影響著人們的活力和財運。電鍋用來蒸煮米飯，所以要保持電鍋的清潔，否則會影響家人的財運和精神活力。

茶壺

中國人喜歡喝茶，茶壺就成為了廚房內必不可少的用具，用來燒水泡茶。但是茶壺不能總是盛著滿滿的水，也不能將茶壺放置在微波爐的旁邊。茶壺對家中女性的健康有很大的影響，一定要保持茶壺的清潔。

筷子

自古以來，我們吃飯都使用筷子。古時候，人們就對經常使用的筷子就有很多講究，例如家中主人使用的筷子一定要材質好，木製的筷子能夠提升自己的運氣。如果筷子上的塗漆有脫落現象，要立刻更換新的筷子，否則你的運氣也會隨著塗漆的脫落而降低。

百潔布

百潔布就是我們平常說的抹布，用於清潔廚房內各種器具，百潔布要保持清潔，因為它對家人的人際關係有著很深的影響，如果百潔布不乾淨，家庭主人就會有惡意的人接近，容易捲入糾紛，引發爭執。

魚缸

在五行中，魚缸屬水，爐灶屬火，俗話說水火不容，在廚房內同時擺放爐灶和魚缸會構成水火交戰的局面，給居家風水帶來不好的影響。而且油煙對魚的健康不利，把魚養在廚房也不容易存活。廚房內同時擺放爐灶和魚缸在風水上犯了大忌，所以廚房裡不能擺放魚缸。

米缸

在飲食中，米飯是最為常見的主食，因此米缸也成為了廚房的必備工具。一般來說，米缸都是圓形的，四方一致，故而沒有朝向的問題。不過米缸五行屬土，將它安放在土當旺的方位——西南方或東北方，是最好的。由於木能剋土，所以米缸不宜放置在木氣旺盛的方位——東方和東南方。

此外，米缸作為糧食倉庫，有財庫的意味，米缸充足，則家中富有，米缸缺糧，則家境窘迫。

其實很多家庭不是沒有錢，只是疏於對米缸的重視，而時常出現米缸缺米的現象，這就會對家運帶來不利的影響。最好的辦法是時常關注米缸的存米，及時補充，才能讓家有富足的感覺。

排水管網

俗話常說「病從口入」，而廚房作為各家各戶製造食物的地方，尤其要求乾淨，不能讓污水四處流布。再加上廚房屬火，而風水上說水火不容，因此廚房的排水管網的佈置就顯得尤為重要。在進行排水管網的佈置時，務必使污水從前往後排。尤其忌諱讓廁所的污水從廚房下方流過，更不能在下水道上方設置爐具。

廚房壓制煞氣

　　廚房原本是火氣重的區域，有壓制凶方煞氣的功能，因而宜將廚房設在宅主命卦中無關緊要的方位或四凶方。經常使用廚房的灶火，能增強廚房的陽氣，以調和凶方煞氣，達到改善風水的作用。

美化廚房

　　廚房作為整個家庭的口腹重地，廚房的佈置不僅要整潔還要美觀。一般來說，可以透過下面幾個小技巧來沒掛廚房：

　　1. 設計碗櫥、食品廚、壁櫥或收納雜亂的瓶瓶罐罐和油鹽醬醋，方便廚房的收拾。

　　2. 選一兩件精美的炊具置於廚房顯眼的位置，如搪瓷器皿或紫砂鍋，可以達到裝飾廚房的效果。

　　3. 在廚房的牆壁上掛置幾個草編托墊或花色精美的餐巾，就餐時可以隨時取用，不就餐時則可用來裝點廚房。

　　4. 可在廚房窗臺上放置一串辣椒或大蒜瓣，既方便烹飪時隨時取用，也美化了窗臺。

第十二章

廁所

廁所的風水意義

在整個住宅中，廁所是處理不潔淨之物的場所，因而應該儘量將其隱藏起來，儘量不要與其他任何房屋、房門等造成沖煞。故而廁所不適合位於吉利的方位，而凶方更為適合它。

如將廁所設在六煞、禍害、五鬼、絕命四凶方上，能達到以凶壓凶、以毒攻毒的效果，能化凶為吉。切忌將廁所設置在財位、文昌位，否則會導致破財，事業走下坡路。

依五行設置廁所

在五行中，廁所屬水，它一方面關係到家庭的財運，一方面又是污穢之水和污穢之氣產生的地方，容易招來疾病。因此，如果廁所位置不佳，將會導致多方面的問題。因此，廁所的方位設置尤其重要。

從五行的角度來看，廁所不宜設置的方位如下表：

廁所設置方位	風水解析
住宅的西南、東北方	監儘管這兩個方向都屬於吉方，但強大的水氣會造成「水克木」的格局，影響到家人的健康。
住宅的南方、西南方	南方火氣較重，容易形成水火不容的格局，也是不利的。
住宅的北方、東北方	東北方在風水學理論中被稱為「後鬼門」，如果將廁所設置在這個方位，容易導致不良的後果。

廁所方位

在住宅的設計時，人們就要詳細勘察廁所的方位可能對居住者造成的也影響。在選擇住宅時，人們更要注意勘察廁所的方位，以免對自己和家人的健康產生不利的影響。

有時遇到疾病纏身，再高明的醫生，也無法根治這種病痛，此時就要考慮是不是家中的廁所方位出了問題。一般來說，廁所設置在以下一些方位，容易影響居住者的健康。

廁所方位	健康影響
中心	容易使人患上心臟方面的疾病。
東方	容易誘發肝臟、支氣管方面的疾病，甚至造成體虛和中風等。
東南方	容易引起神經系統、腸胃、食道、支氣管等方面的疾病。
南方	會引起心臟和心肪方面的疾病，有的也可能引起傳染病等。
西南方	容易引發婦科、腎臟、消化系統、腹膜炎等方面的疾病。
西方	最容易誘發口腔、呼吸系統方面的疾病。
西北方	對男主人和男性老齡人最為不利。容易誘發頭部、骨骼等方面的疾病。
北方	因為北方屬水，所以水性會大增。容易引起意外之災，還容易引起血液、精神系統方面的疾病。
東北方	會引發風濕、皮膚方面的疾病。

宅卦定方位

不同的住宅有著不同的宅卦，各位方位的吉凶也不同，而廁所宜置於凶位元，因此可以根據住宅的宅卦來判斷廁所的方位，使廁所風水與宅運相配。

一般來説，東四宅的廁所應位於西方、西南方、西北方、東北方，即坎宅、震宅、巽宅、離宅的廁所應位於西方、西南方、西北方、東北方；西四宅的廁所應位於東方、南方、北方、東南方，即艮宅、坤宅、兌宅、乾宅的廁所應位於東方、南方、北方、東南方。不過，要想讓廁所風水更好地符合住宅風水，還是要根據廁所具體的方位來具體分析。

最佳廁所位置

風水學認為，在住宅中將廁所設置在正東和東南兩個方向是最佳的選擇，這是因為：

1. 從五行上來說廁所屬水，正東和東南兩個方向屬木，根據「水生木」的原則，廁所的水氣正好能夠生旺這兩個方向的木氣。

2. 正東和東南兩個方向是住宅中採光較好的方向，充足的陽光有助於保持廁所的乾燥，防止各種病菌的滋生。

化解廁所的凶相

廁所是住宅中污穢之氣的主要來源地，如果設置的位置不當，很容易會帶來凶相。

1. 如果家中有成員在酉年出生，或是有處於婚期的女孩子，那麼廁所設於西方也屬於凶相。

2. 廁所的方位要避免與住宅主人的出生年相沖。

3. 廁所與住宅的坐向一致，也為凶，可能導致其所坐山向所代表的人體弱多病。

3. 廁所與神壇相鄰，也是一種凶相的格局。

在住宅的風水中，廁所引起的凶相會導致很多方面的疾病。為了避免，最好將其設置在住宅的東面、東南或西北方位。如果不是，則需要加以改造。

進行廁所的改造時，應避開以下幾個位置：北中心十五度（子的範圍）、北東十五度（丑的範圍）、東北中心十五度（艮的範圍）。如果無法改變廁所的位置，則需要將便池或馬桶進行移動，必須偏離這幾個方位。

為了化解凶相，也可以在廁所窗戶的窗臺上放一小碟食鹽和小型的盆栽，這兩者釋放的能量也能避免凶相。

化解廁所「後鬼門」的凶相

風水學認為，廁所不宜置於住宅北方，更不適宜置於東北方，以免形成「後鬼門」。這是因為在五行中北方屬水，如果廁所位於住宅的北方，兩「水」相遇會導致水能增加，消耗居住者的精力。如果廁所位於東北方，廁所的水能會破壞掉此方位原本的土能，進而誘發健康方面的問題。

若要化解廁所位於北方所帶來的問題，可以在廁所擺放一些高大的植物，一方面可以排走水能，另一方面也達到了吸濕和增加氣能的作用。

對於廁所在東北方引起的問題，最好的解決辦法就是引入金能，以此來協調土能與水能。具體做法為：在廁所的東北方放一個盛鹽的白陶碗，或是放上一尊鐵製的雕塑。另外，在廁所擺放一個圓鐵盆，

並在裡面插上一枝紅花，也可以達到化解的效果。

廁所位於西北方、西南方

風水學認為，西北方是天門，象徵父親，如果將廁所設置在西北方，無疑就是污穢了天門，令家中父親健康、聲名受損。解決的辦法是只將位於此方位的廁所作為浴室使用。

當廁所位於住宅的西南方時，每天流出的水會將人的氣和能量帶走，進而影響到居住者的人際關係。此時，可以採用以下幾個方法進行化解：一、將馬桶蓋放下，並盡可能使廁所的房門處於關閉狀態；二、在廁所使用黃色的燈光；三、在廁所門上安裝同樣長度的鏡子。

廁所位於住宅中間

如果將廁所設置在住宅中央，就會形成「土剋水」的格局，對家運非常不利。這是因為在風水學中，住宅中央的位置五行屬土，而廁所屬水。

對於一套住宅來說，中間的位置屬於心臟地帶，在風水上起著至關重要的作用。如果此地受到污穢之氣的沖煞，不僅財氣無法聚集，還會影響到家庭成員的身體健康。

另外，如果廁所位於住宅的中央，供水和排污管道都會透過其他房間，不僅會使這些房間受到污穢之氣的沖煞，還會對將來的維修造成困難。

廁所在走廊的盡頭或邊上

無論是出於什麼原因，將廁所設置在走廊盡頭都不是好風水的象

徵。現代住宅中，尤其是小戶型的住宅，常常採用通廊或回廊式的設計。在這樣的設計格局下，一定要注意廁所和走廊的位置關係。如果住宅正好位於走廊的兩端，則不宜將廁所設在走廊的旁邊。在風水上，走廊直沖廁所就形成了「路沖煞」，是大凶之相，濕氣和穢氣會順著走廊擴散開來，對健康非常不利，因此要儘量避免。

走廊直沖廁所、大門

正對廁所都是大凶之象

廁所的門正對著樓梯

　　風水學認為，家中廁所的門如果正對著樓梯，無論樓梯是向上還是向下，都是不吉利的象徵。

　　如果家中廁所的門正對著往上的樓梯，就會使樓梯下沖的氣直沖入廁所內，容易導致廁所內的穢氣積聚難散，時間長了一定會滋生細菌，對家人的健康和運勢都有損害。如果廁所間的門正對著向下的樓梯，就會導致廁所的穢氣往下直洩，並可能流至住宅各處，對家人的健康和運勢也有損害作用。

面對這兩種情況，可以在廁所的門上掛上長布簾和在門檻上安置一串五帝錢。如果有排風扇或窗戶的話，也要經常注意通風，能將穢氣排除室外，並隨時保持廁內的乾燥清潔。

主臥帶廁所

在現代的住宅中，主臥通常都會單獨配置一個廁所，以便於人們的生活起居。然而，在風水學上，這樣的格局卻會在無形中給居住者帶來不利影響。

對於年輕人來說，為了追求浪漫和簡單，甚至會把主衛的門做成玻璃推拉門，這樣就更容易導致穢氣沖煞。廁所的房門對著床的情況，本身就是非常不利的。那些穢氣會直接沖向人，導致出現頭痛、腰痛和腳痛等情況。此外，作為水氣積聚的地方，每天上廁所、洗澡產生大量水氣，也會直接隨著氣流衝向臥室，床上的用品也極容易吸收水氣。長期住在這樣潮濕的環境中，自然就容易導到濕，產生全身無力和渾身疼痛等問題。所以從健康角度來說，主臥室帶廁所也是很不利的。為了化解這些影響，首先要避免臥室廁所的門正對著床，可以在中間用屏風或者衣櫃加以遮擋，也可以在下水道上懸掛一只葫蘆，並將葫蘆口打開，以吸納排汙和水氣產生的穢氣。另外，還可以在廁所中養上三盆用泥土栽培的觀葉植物。

廁所的開門尺寸

一般來說，廁所的門宜較其他房間門矮一些。針對住宅的大小不同，廁所門的淨高尺寸有兩個，即 1.875 米和 1.99~2.09 米之間，而其對應的淨寬尺寸則為 0.59 米和 0.71~0.79 米。如果是豪宅，層高相對要高一些，那麼廁所的門開高一點也無妨，只是取暖和製冷的效果

相對可能會差一些。

設置廁所的門的注意點

風水學認為，廁所門的位置選錯了，也可能對家庭的運勢產生不利影響。

1. 不與大門直沖相對

在住宅中，廁所的門不宜與大門直沖相對，否則會引起口舌之災，還會導致事業不順。走廊直沖廁所、大門正對廁所都是大凶之象

2. 不與臥室門相對

如果與臥室門相對，受到穢氣的沖煞，可能會引發各種疾病。尤其是直沖睡床，會導致對沖部位的疼痛，如腳部、腰部和頭部等。

3. 不宜正對爐灶

為了家中女主人的健康，尤其是保持舒暢的心情，廁所門不宜正對著爐灶的位置。如果廁所門對著書桌，還會使人心神不安，無法專心學習和閱讀。

4. 不宜正對神位

另外，如果廁所的門正對著的是家中供奉的神位，則容易在於作和生活當中犯小人。

樓中樓式房屋的廁所

樓中樓式建築因為有上下樓的關係，因此要特別注意廁所設置的位置，在廁所的樓上樓下不應是臥室、爐灶、書房、神台、飯桌、沙發。

位於樓上的廁所不能正好在大門上方，這樣會污穢名聲，使家人容易被人誣衊，敗壞名聲。

最好的方式是將上下樓層的廁所統一在一個方位，不僅解決了風水問題，還利於管道鋪設。如果還有第三層空間，則最好將廁所上方

設置為陽臺或花園。

最旺宅的廁所的形狀

風水學認為，廁所的形狀要方正，不能是三角形、弧形或是畸形的。在可能的情況下，使廁所儘量大些，可以使氣流通暢，防止氣能停滯、聚集所帶來的對健康和財運的影響。

將廁所的位置改造成臥室

有些家庭因為人口較多、住宅面積又相對有限，因此會考慮將住宅的一個廁所改造為小型的臥室。但在風水中，廁所是穢氣產生的污穢之地，一般多處於住宅的凶方，如果將這樣的位置當作臥室，會導致學業和事業的不顧，同時也會造成財運的下降。

另外，就整棟大樓的格局來講，這樣的改動只是屬於單套的改造，最後就會形成樓上樓下的廁所將臥室包圍的格局，更是風水上的大忌。如果要改變廁所的話，可將這個空間作為雜物間使用。

裝修廁所

廁所的裝修主要是牆面和地面的處理。

1. 牆面

在進行廁所的牆面處理時，可以盡可能地發揮創意。如果喜歡簡單，可以嘗試在牆上刷油漆，這樣可以很好地增加廁所的溫暖度。喜歡時尚個性的，可以用馬賽克玻璃磚或是刻花瓷磚製作圖案。

當然，無論是刷油漆還是貼磚，都應該選擇一些較為明亮的顏色，其中淡藍、粉紅、桃紅、淡綠等都是廁所的首選色調。另外乳白色系

和一些中性色也是不錯的選擇。如果再配上明亮的光線照明，就更能打造出絕佳的廁所風水了。

2. 地面

在進行廁所的裝修時，地面是不可忽略的重要因素，不同材質的地板會產生完全不同的效果。

對於廁所地面材質的選擇，防水性是首要考慮的因素，清潔的方便性也不能忽略。因此，實木地板、大理石、花崗石都是上佳的選擇，用它們來做廁所的地板，不僅滿足了防水和清潔兩大要求，光滑的表面也使得氣流能夠順暢地流動，進而也加速了能量的流動。

另外，由於水流方向是向下的，屬潤下格，因此廁所的地面也不能高於臥室或是客廳，否則就容易形成住宅被水包圍的格局，進而導致內分泌系統的疾病。

廁所「陰氣過盛」

風水學認為，乾淨舒爽的廁所才能提升住宅風水。然而，廁所常常是「陰氣過盛」，主要就是因為廁所的潮濕，因此在進行牆面和天花板的裝飾時，要選擇防水和防黴性較好的材料，另外抗腐蝕性也非常重要。處理地面時，不僅要注意清洗的方便，更要保持乾爽，可選擇既美觀又耐用的天然石料做成的地磚。如果再加上防滑墊，不僅提高了安全性，同時也更利於通風，防止了污穢之氣的積聚。

此外，要注意做好廁所的清潔工作，定期使用消毒水殺菌消毒，還要保證廁所的乾燥通風，經常打開排氣扇。

廁所減少陰氣

廁所產生的陰氣十分不吉利，會對財運和事業都帶來影響。為了

防止這種情況，首先要注意保持廁所的乾燥通風。在此基礎上，可以透過擺放一些芳香物品祛除廁所中的污穢之氣。在選擇芳香物品時，讓人心情平靜的香花，可以緩解失眠症狀的香草，都可以選用。

色彩鮮豔的毛巾也可以防止陰氣的產生。當廁所充滿明快而又優雅的顏色時，自然就減少了陰氣的沖煞。因此，放上顏色鮮豔的毛巾或是香皂，也是簡單易行的方法。

為了給廁所帶來整潔感，選用與牆體反差較大的清淡色彩的防滑墊，也可以有效地抑制廁所的陰氣產生。

五行缺水和忌水的人如何佈置廁所

在廁所中，洗手檯、便池、浴缸、淋浴等都是屬水之物。這些水針對擁有不同五行屬性的人，有不同的用法。

1. 五行缺水

針對五行缺水的人，應儘量運用廁所的水能量來補運。可以將廁所的門改為全玻璃的門，讓廁所的水能量能透過玻璃門滲透出來。廁所內的馬桶代表了一缸水，特別是當水箱蓋打開的時候，它的功用和養了一缸魚是相同的。浴缸代表儲存了一大缸水，缺水的人不僅應該使用浴缸洗澡，還應該經常在裡面泡澡。

2. 五行忌水

五行忌水的人應該儘量減少廁所內的水。馬桶的水箱代表在家中儲存了一缸水，因而應隨時將蓋子蓋上。浴缸也有儲水的作用，因而不適於宜忌水的人使用。淋浴的水直來又直去，是忌水人的理想選擇。

如果廁所時常漏水，應使用緋紅或綠色的瓷磚來裝飾廁所牆面和地面，並在廁所用泥種四枝富貴竹。時常使用換氣扇來抽走廁所的水氣，盡可能令廁所保持乾燥。

便池或馬桶的位置

風水學認為，如果將便池或者馬桶置於「四正線」和「四隅線」上，或者與住宅的大門同向，是極不吉利的象徵。這是因為，當人在便池或者馬桶上時的朝向，不能與住宅大門的方向一致，否則居住的人容易患不治之症。另外，便池或者馬桶也不能坐北朝南，不能正對著床位或者是爐灶的位置，這些位置都是忌諱。

在避開以上這些位置的同時，便池或者馬桶最好與廁所的門垂直或錯開設置，應儘量靠牆，這樣不僅方便了生活，同時也能夠更好地維持廁所的整體和諧。當然，如果有鏡子，儘量不要讓便池或者馬桶能從鏡子裡看到，因為產生的穢氣經過反射後會加倍，要儘量避免。

使廁所乾溼分離

由於潮濕致使廁所陰氣過盛，因此讓廁所乾溼分離，以便乾燥通風成為了廁所的基本要求，也是減少穢氣、提高運勢的重要方法。現代居家中，廁所一般都包含有廁所和浴室兩個功能。

在面積允許的情況下，最好能單獨隔離出 1 平方米左右的空間作為獨立的淋浴處，可在地面安裝窄條的石台，懸掛上浴簾，這樣簡單的設計就可以有效地防止水流滲到整個廁所中。

如果經濟條件允許，設置淋浴屏，或是安裝獨立的淋浴房，會達到更好的乾溼分離的效果。

浴缸中的洗澡水

風水學認為，浴缸中的洗澡水需要及時處理掉，以減少廁所的水氣。但是有的家庭設置了浴缸，卻依然使用淋浴，而將浴缸作為儲水工具，把洗澡水留下來沖廁所、洗拖把等。其實，這是犯了風水上的忌諱。

作為洗澡的用具，浴缸最大的功效是將身上的髒東西洗掉，進而使心情得到一個良好的轉換。在洗完澡以後，人的壞情緒和身體的疲乏都融進了水中。如果不及時放掉洗澡水，就等於將這些不利的因素都留在了家裡，也就是犯了風水上說的不存水的原則。

所以，千萬不要為了節約，而將洗澡水或是洗衣服剩下的水存在浴缸裡。如果實在可惜水，則應該儘快將其用完，不能長時間存放，以免滋生細菌和水生植物。並且最好將這些水存到專門的桶中，而不是存在經常使用的浴缸裡。

廁所裡的鏡子

廁所是一所住宅中最適合放置鏡子的地方。尤其是對於沒有窗戶的廁所來說，鏡子可以達到提升空間感的作用。

1. 鏡子的大小

對剛起床的人來說，鏡子可以讓人從夢境回到現實。因此，廁所的鏡子應儘量挑選較大的，它可以盡可能地擴張因睡眠而收縮的能量，使人精神百倍。如果照鏡子時，頭部上方還有空間，就意味著事業的發展一片光明，但是過多空間則會使人流於空想。不能選擇過小的鏡

子，只能照見一張臉的鏡子，不利於事業的發展。

2. 鏡子的形狀

一般說來，廁所的鏡子以方形為最佳，它代表了平衡和有序，但切忌不能有尖銳的棱角。如果再配上圓形的洗手池和燈光，則更利於建立風水上的平衡。圓形和橢圓形的鏡子也適合使用，切忌使用菱形、多邊形的鏡子。

此外，要注意的是，鏡子代表了事業的發展，因而鏡子要保持乾淨，要隨時擦乾鏡面的水漬和霧氣，越清晰越好。

將小鏡子拼成大鏡子

有些人為了追逐個性，選擇在廁所將很多面小鏡子組合成大鏡子。這種設計雖然美觀，但它照出來的形象卻是支離破碎的。這樣的鏡子不僅會影響到人的健康，還容易導致人變得優柔寡斷，運勢也會下降。因而最好還是使用整塊的鏡子，能照出的像越清晰完整越好，如選用銀鏡，它是目前最不失真的鏡子。

廁所的物品擺放

為了確保廁所的通風，廁所裡的物品擺放應以簡單整潔為原則，切忌將廁所當成雜物間，將有用和無用的東西都堆放其中。

為了使空氣清新，香皂、洗髮乳、沐浴露、香水等物品要整齊擺放在洗手盆旁的架子上，其散發的香味可以沖淡廁所內的不良氣味，使身心得到放鬆。

馬桶刷等沾染有污穢之氣的清潔用具應

儘量放在遮蔽之處，牙刷也應儘量插在專用的牙刷架上，不宜直接放在杯子中。

　　對於經常在廁所使用吹風機的人來說，每次使用後要將吹風機放人儲物櫃中，不宜直接掛在牆上。因為吹風機五行屬火，直接暴露在廁所中會造成水火相沖。

洗衣機

　　從五行來看，廁所屬水，洗衣機屬火，尤其是帶有烘乾功能的洗衣機，更是極火之物。當洗衣機在工作運轉時，就會產生風水效應，進而造成水火不容的格局，容易引發腸胃和心臟方面的問題。

　　另一方面，廁所潮濕的環境也容易對洗衣機的外殼及內部的金屬部件造成侵蝕，進而影響洗衣機的使用壽命。因此，應儘量減少洗衣機在廁所中的使用。

第十三章

居家裝潢

房屋裝修

隨著經濟水準的日益提高，人們逐漸開始注重住宅的裝修，以向客人顯示自己的高品味。那些富豪更是將自己的住宅裝修得十分豪華，甚至可以媲美古代的皇宮。當然，豪華舒適的享受誰都想要，但家畢竟是修養身體的地方，太過華麗可能導致其他問題。

太過華麗的房屋看似很繁華，充滿陽剛之氣，但這不過是火焰熄滅前的閃耀一樣，是運勢的迴光返照，實際上是個凶相。華麗的屋子猶如過於妖豔的女子可能導致災禍一樣，破壞住宅的氣流，對家庭人員健康產生影響。而好的裝修除了反映主人的一定要求外，最重要的是簡潔勻稱，注重氣質而非外表。

牆壁的顏色

進行居家裝潢時，一定要注意牆壁的顏色選擇和搭配。牆壁的顏色以柔和的淺色為主，不宜用重色，也不宜大面積使用粉紅、紫色、深藍色、黃色。

粉紅色對於年輕的夫妻雖然浪漫，但時間久了，易使人心情暴躁，心中常會爆發無名火，為雞毛蒜皮的小事爭吵，傷害感情。

紫色是冷色調，但是它和紅色的效果一樣，會發出刺眼的色感，讓居者情緒無法穩定。

深藍色會使氣氛更消極，全家都有氣無力的。

黃色給人一種煩熱不安之感，長時間處於黃色之中，會使人的腦神經意識充滿著多層幻覺，從事緊張工作的人最忌此色。如果是淡黃色，則有利於舒緩身心疲憊，而且最好是接近木頭的顏色。總之，牆壁的顏色不能過多，淺淡程度處於天花板和地板顏色之間。

改造三角形的宅基地

風水學認為，方形的宅基地是最佳的，三角形宅基地卻是風水中的大忌，它容易導致宅主的精神出現問題，不利於做思考。然而在現實生活中，並非所有的宅基地都是四方形的，三角形的宅基地相當多。遇到三角形宅基地時，一定要對其進行改造。

如果宅基地寬，可以將宅基地的主要部分劃出一個四方形的空間，餘下的部分要麼用牆隔離不用，要麼種樹隔離為花園、菜園，並時時保持綠意。隔出來的空間無論如何不能進行實際的使用，做倉庫也不行。如果地方實在太狹小，無法隔離，就應搬走。

處理明堂出現的缺口

風水學認為，住宅的前方一定要有一塊較為寬闊的地方作為明堂，以作藏風聚氣之用，這對住宅的風水有極大的影響。所謂藏風聚氣，就是其周圍的高大建築或山峰要護衛嚴密，不能讓氣輕易地流走，同時還要有讓氣流人的道路或水流。

但如果明堂周圍護衛不嚴密，出現了缺口，或有很多的道路，這樣就不能達到藏風聚氣的目的。明堂出現了缺口，最好的辦法就是在缺口處設置一堵照壁，讓氣不能輕易地洩出。

處理不理想的住宅坐向

現在的房價被炒得這麼高，有時人們即使買到一所住宅坐向不太理想的房子，也不具備退換房的條件。此時，可以借用風水之術，利用改門的方式來改變住宅的朝向。例如將大門改成斜角或另換一個方

向開門。這種方法對獨立房屋是非常管用的，它足以改變整所住宅的山向。但是對於高樓大廈中的住宅就比較難了。因為即使做出了改變，但因為大廈的整體朝向不理想，單改自己的門不能影響整個大廈的氣場。因為這種方法只能維持很短的時間，即使加上合適的化煞物品，也只是儘量避免煞氣，談不上真正的旺宅。所以，如果想有一所旺宅，最好還是要先從大環境著手。

處理房屋上大下小問題

如果再選購房屋時發現房屋存在上大下小的情況，最好不要選擇購買，因為那是非常差的風水。上大下小的房屋會讓人感覺建築頭重腳輕，感覺容易傾斜，不平衡。長期居住在此，會嚴重影響風水，令人心裡不安，會走霉運。

如果購買之後才發現房屋上大下小的問題，應立刻對房屋的現狀進行改進。如從樓上端突出的部分往地下打基礎柱，或用牆來掩飾凹陷的部分，也可以用金屬條做成的格子來裝飾凹陷的部分。只要不讓人看出房屋上大下小的格局，就是將風水調整過來了。

內形狀不規則的房間

現代建築中，一些大廈為了設計需要，建造了不少這樣的房屋。遇到這種房屋，就需要在房間的佈置上動心思，以對空間進行修改。這違背了風水要求的方正之道，因為只有方正的房屋才能很好地採納四方之氣，一旦房屋是狹長或不規則就是凶相。

如何修改這些房間不規則的形狀？首先要給這些房間訂製傢俱，將傾斜的邊用傢俱改為類似方形，使室內空間儘量看起來成方形即可。如果不規則房屋較大，可以考慮隔成兩個空間，主要空間保持方形。

處理房間過於狹長問題

為了讓住宅的房間符合風水的方正之道，對於那種長超過寬一倍以上的狹長的房屋，應該用隔斷將狹長的房子改為兩個空間，如客廳可以隔出一個飯廳或休息間，臥室可以隔出一個書房或換衣間。但這種隔斷最好通風透氣，高大的傢俱或用建材完全隔為兩間房屋都是不可取的。採用一些矮小的傢俱做隔斷比較理想。

住宅的缺角或凸出

儘管風水中的陽宅理論告訴人們，住宅以四方的形狀最好，因為它可以平衡地吸納四方氣場，但現代建築很少有符合四方的，大多不是缺角就是有凸出。在風水中，如果某一邊有小於二分之一的部分凹陷，就為缺角。缺哪個角就代表著哪個方位的成員將受損害，因此應該盡力將缺角補齊。如修建陽光房或種植能伸展出去的植物。

如果某一邊有小於二分之一的部分向外伸，就是凸出。凸出相對而言比缺角好，有時還代表吉利。但最好還是消除這種凸出，或者拆除，或者填補，如實在不能修改，就在凸出的外側種植常綠闊葉樹木，以擋煞氣。

風水術彌補缺角

一旦房屋缺角，住宅就不能平衡地吸納氣場，住宅就不滿足風水陽宅中藏風納氣的要求。而且，根據後天八卦的方位，所缺方位對應卦象所代表的人，就是表示家中該成員的運勢不好，應該有所補救。

所缺方位	沖煞家庭成員	補救方法
東方	長男	在東方種花，或擺兔子、一對鴛鴦、「震」字掛件。
東南方	少男	擺放一條龍形的工藝品或玩具，也可以種植花草。
西南方	老父	擺放紫砂茶壺、陶瓷、羊形的雕塑或畫，但如果屬相與羊相剋的則不適合擺羊。
南方	中男	在南方擺放紅色玩具汽車、馬形的雕塑或畫。
西方	幼女	擺放一隻銅雞。
北方	中女	養一缸魚或掛一副《鍾馗招福圖》。
東北方	長女	擺放牧童騎牛的陶瓷工藝品。
西北方	老母	擺放玩具狗。

樓中樓式住宅的房間

　　一些成員眾多的家庭常常選擇樓中樓式住宅，這樣才能滿足空間廣闊，房間眾多的要求。但房間過多，需要合理的安排才利於風水。

　　樓中樓式建築至少有上下兩層，大門所在的樓層，適合設為家庭成員共有的空間，如客廳、廚房、娛樂室、健身房等。其他的樓層則適合設為較為私密的空間，如臥室、書房等。

舊房子換天心

　　所謂的換天心，就是想法增加房屋的正中心位置的陽氣，祛除房

中的壞運氣。儘管為房子換天心的事情並不多見，但是當一套房屋很多年沒有人住，或搬入了一套別人住過的舊房子，就應該換天心。

以前的房屋都是平房，換天心只用將房屋中心點上方開個洞，讓房屋的中心點曬太陽就可以了。通常會根據房屋的新舊程度，曬的天數不等。現代的樓房不可能在房屋的中心點開天窗，所以需要將房屋中央的地板撬起來，全部換掉，並在此處放爆竹、燒衣紙。也可以到郊外最旺的風水寶地取來新鮮的泥土，用紅布蓋上後放在房屋正中央。

五行和牆壁的材飾

風水學認為，人們在裝修牆壁時應注意根據五行來選擇裝修牆壁的材料，因為牆壁在房間中佔有很大的面積，牆壁採用的材料能對風水產生較強的影響。選對了與居住者五行匹配的牆壁材料，就有利於住宅風水。

所缺五行	適宜牆壁材料	風水解析
木	加裝木條裝飾	不僅利於打理，更能令缺木的人吸納木氣。
土	刷乳膠漆，裝飾雲石或瓷磚	不過為了避免因土過多而催旺二黑星和五黃星，就應該在裝飾前根據宅命盤算出二黑和五黃的所在方位，並避免在此方裝飾雲石。
金	在雲石上鑲嵌銅片、鋁片或鍍金的裝飾以及玻璃	以土生金，製造極金的五行。
水	玻璃、金屬等裝飾品	金能生水。但要注意不適合使用雲石，土剋水，會導致水更加缺乏。

裝修裝飾要遵循五行原則

在家中裝修，切忌在家中家庭成員的所在方位擺放他禁忌的物品。在後天八卦中，西北方代表老父，北方代表中男，東北方代表少男，東方代表長男，東南方代表長女，南方代表中女，西南方代表老母，西方代表少女。

如果家中的中男五行忌火，家中卻在北方設置爐灶或點長明燈，就會令中男因火氣過旺導致身體和事業出現問題。

讓住宅更有陽氣

藏風納氣是住宅選址和佈局的首要原則，尤其是房屋內不能有聚積穢氣的陰暗死角。對於採光不太好的住宅，可以在客廳內使用天然素材的傢俱來提升陽氣，例如木製品和藤製品的傢俱等。

另外，住宅應儘量做挑高設計，並配香熏、盆栽、鮮花等物件的擺放，就可以使住宅的氣場活絡起來，有效地提升住宅的陽氣。

居家物品

風水學認為，形狀過於尖銳的物品往往容易帶來煞氣，影響住宅風水。因此，居家裝修特別忌諱尖銳的物品，如傢俱成直角的棱、鋒利的刀形裝飾物、三角形的花邊等。圓形物品給人的感覺是飽滿，代表著正面的力量，因而最好採用更為圓潤的形狀。如把傢俱的棱邊改為圓弧，擺放圓形裝飾物，花邊採用半圓形等。

保持室溫

風水講究藏風聚氣，其目的就是製造一個有舒適溫度的居住空間，如果室內太熱或太冷，都不利於生活。

保持室溫的辦法是首先採用有良好保溫效果的建築材料，其次為每間房屋開間窗戶，以利於通風。室內的綠化、遮陽、圍護結構都有隔熱的作用，風扇、空調是幫助調節室溫的好幫手。多使用木質材料，不僅能令人感覺親切，還有保溫的效果。木質材料的溫度散失速度不快，夏天能比人體溫度略低，冬天也不會太涼，對人體來說擁有很舒適的觸摸溫度。

保持濕度

風水學認為，太過乾燥的房屋也不利於人體健康，濕度太大又容易陰氣重，使人患上各種疾病，因此，適度的濕度能使人肌膚舒適、呼吸順暢、心情愉悅。

在潮濕的季節應使用換氣扇、空調等設備來排出濕氣；在乾燥的季節，則用室內植物、噴水、加濕器等方式來增加濕度。特別要注意在冬天使用空調時，容易造成室內過於乾燥，這時應重點增加濕度。

佈置房屋的西北方位的五行原則

西北方乾位是方位中一個重要的方位，因為代表了天子正氣，所以有極大的力量。在此方位放置的物品，對人有極大的影響。所以應根據人的五行禁忌來佈置西北方位。

所忌五行	西北方的禁忌
火	不能放置屬火的物品,例如爐灶,微波爐、電腦等電器。
金	不能出現金屬類物品及鏡子。
木	不能放置高大的綠色植物。
水	不能擺放魚缸或掛有水的圖畫。
土	不能放置陶瓷工藝品。

屏風旺宅

當住宅中出現煞氣時,人們常常會利用屏風來作為隔斷,以改變氣流方向,抵擋煞氣。此外,屏風還能達到美化居家的作用。

如何才能選到一個助旺宅運的屏風呢?人們要根據各個房間不同的需要來選擇。

屏風種類	適宜方位	功效
布質屏風	臥室、廁所	能減弱強烈的光線,令陽光溫和地射入室內,有良好的通風性。
金屬屏風	光線略微暗淡的廳室	能增加室內的光線。
木質屏風	各處皆宜	給人溫和的感覺,較常使用。

如果不喜歡傳統的屏風,可以改為帶花架的屏風,利用植物柔和環境的作用給室內以生氣。

照明化煞

燈對居家格局會產生重要的影響,如果燈光佈局得很恰當,不只

可以減低家中陰暗，而且可以提升居家的旺氣，並且可以帶走一些不良的氣場，利於家運的生氣上揚。

　　古代風水理論認為，「天圓地方」有天地厚實，運勢安穩之意，如果採取此種方式選擇燈飾，便不會形成「角煞」或「壓頂」類的心理壓抑。如果室內有陰暗潮濕的長廊，則應用一盞長明紅燈，以降低其不良的磁場。如果存在缺角，則應在「缺角」處放置一個明亮的燈具則可以達到「補角」的功效。

臥室和客廳之間用玻璃牆

　　小戶型在裝修時，為了擴大空間感，把臥室和客廳之間的實牆換成玻璃牆。這樣做不利於風水。玻璃是處於鏡子和實牆之間的一種物質，它有一種玄光，使用時必須謹慎。

　　首先，客廳是賓客活動的區域，而臥室是主人休息的地方，如果是使用玻璃牆，變成一眼望通的格局，廳房內主客的一舉一動都盡收眼底，使主客都很尷尬。其次，客廳屬於陽，臥室屬於陰，玻璃牆在風水上形同無物，就形成了陰陽失衡，影響家運。

天花頂設置天池

　　現代住宅普通層高都在 2.8 米左右，如果客廳屋頂再裝假天花板，設計稍有不當，便會給人壓迫感。但是有的屋頂有橫梁，需要用天花板來掩飾，這就更需要技巧了。在這種情況下，可以採用四邊低中間高的天花。天花板中間凹進來的部分便形成了聚水的「天池」，不僅從視覺上形成層次感，對風水也大有裨益。在天池中央懸掛一盞金碧輝煌的水晶燈，更能增強客廳的能量，但不要在假天花板上裝鏡子。

壁畫

　　客廳裡的壁畫並不能只注重美觀，還需要考慮它的五行功用，和家庭成員的位置的配合。

　　在掛畫的選擇上，要水的人可以掛九魚圖，或黃河、長江圖；要金的人自然最好掛一幅冰山圖：要火的人擺八駿圖或紅色牡丹畫；要木的人可以掛竹報平安、樹林風景圖，要土的人可以掛萬里長城、黃土高坡。畫框的顏色，最好也配合五行。屬金的圖，框邊不妨用金色或銀色，屬木的圖用綠色，屬火的圖用紅色、紫色，屬水的圖用藍色、灰色。選擇壁畫的五行時，最好依據家中男主人的命運來定，在男主人所屬的位置上掛一幅催旺的好的風水畫，這樣就會影響到全家人的幸福。

裝飾畫

　　客廳的字畫圖片，主要選擇那些適合自己身份的內容，同時也要兼顧到風水和吉祥。吉祥字畫是指那些有著吉祥合諧好寓意的書法、圖畫作品，如富貴牡丹畫，富足鯉魚畫，健康松鶴畫等，它們對提升居家的富貴氣息有很大的作用，可以把它掛在客廳當做中堂。

　　客廳的牆壁上，不宜掛意境蕭條的畫作，如深山古剎、大漠戈壁等題材，會給家人帶來負面的情緒，同時影響到人際關係。

　　如果要在客廳掛山水畫，一定要注意畫中水勢和流向，千萬不能讓水向外流；如果有船，船頭要朝屋內，表示載財富進來之意。

　　沙發背後如果懸掛字畫，宜橫不宜豎。橫掛的字畫與沙發平行，可以收到相輔相成的效果。

　　宗教的畫不宜多，而且圖中的仙、佛容顏要親切，表情要祥和。

第十四章

家用物品

天線與風水的關係

風水學認為，電線是屬火之物，而且其長長的外形類似蛇，因此對風水佈局很不利，常常導致火蛇煞。火蛇煞會使人容易疲勞、神經緊張、肌肉抽搐，令筋骨時常處於熱毒、硬化、痠痛的狀態。

但現代居家不可能避免使用電線，所以應該在裝修的時候將電線儘量的藏入牆壁，以避免插座不足而使電線橫跨整個房間的情況。日常用的插座也最好放在電器旁或後面，儘量將電線藏到看不見的地方。

天線之所以能對風水產生較大影響，是因為天線有接收電波，或發送電波的功能。其中最利於風水的是那種鐵鍋狀的衛星天線，它能夠增強房屋對電波的接收，製造更強的磁場。這樣的衛星天線只要是背對著房屋的，就利於增強房屋的風水，是很好的開運佈局。

充電器

風水學認為，充電器是一種火氣極重的物品，特別是在它使用的時候，能發出強烈的磁場。充電器產生的磁場對人體會造成嚴重的損害，因而不適合放在床頭充電。

現代家庭幾乎人手一隻手機，四處亂放的充電器不僅可能危害健康，製造火災隱患，還會形成火行煞。

雖然充電器有諸多壞處，但如果放置在恰當的地方，就能生旺風水。最適合擺放充電器的位置是宅命盤中的九紫離火所在方位。九紫星是吉星，代表喜事，在八運期間更是財星。

固定在九紫星的所在方位充電，就在每次充電的時候生旺九紫星，以增旺財運和桃花運。

家中擺放石頭

　　自古以來，許多人就對造型奇特的石頭愛不釋手，並將其擺放在家中便於時時欣賞研究。但風水學認為，石頭是陰性的物品，擺放在家中對風水不利。同理，晶瑩剔透的水晶原本也不適合擺放在家中，不過如果擺放處陽氣充足，就能達到好的風水作用。所以實在想擺放水晶飾品，應該將它們擺放在能時常曬到太陽的地方，或為它們加設射燈，用陽氣驅除石頭的陰氣。

電扇

　　因為電扇開啟後會吹出一陣陣風，形成氣流，這會影響居家風水。古代人談風水，講的就是水平衡能量的作用和風流動氣場的功用對於人的影響。如果室內的窗戶或方位對氣流不利，可以利用電風扇來加強空氣的對流，引導自然風進來。這樣不僅有利風水，還可以讓呼吸器官的毛病有所改善。

電視機

　　一般家庭的電視都放在客廳，有些臥室也放有電視。電視屬火，關於電視的擺放，不是將電視放在屬火的位置，而是使需火的家庭成員能坐在適合自己的方位看到電視。也就是說，以主人所需的那種五行，能坐臥於該五行之上看電視，最合乎風水佈局。例如，主人喜木，東方屬木，電視機最好放在西方，主人可以坐東向西看電視，這便是理想的風水位。至於臥室內的擺放，取決於夫妻雙方的命理五行是否需要火。如果有一人命理中火旺，則不宜火上加火。

電腦的擺放

由於空間局限，有的家庭沒有書房，所以將電腦放在臥室裡，第一，便於工作；第二，便於躺在床上看影視。卻不知，你的健康正在因此而慢慢消耗著。無論是臺式電腦還是筆記型電腦，都會有很強的輻射作用，如果正對著床鋪，就會影響到人的精神和睡眠品質。因此，如果你的電腦現在正對著臥床，就趕快移開，起碼不能正對著床。

飲水機的擺放

風水學中認為，飲水機的擺放位置正確與否直接影響到家庭的財運。飲水機直沖著大門，容易有病菌侵入，對家人身體不好，而且直沖財運。與正門對角線的位置，不僅能提高人脈，得貴人相助，促成生意，對家庭財運很有利。

此外，飲水機適合放在大門進口的對角線位置，這裡是比較安靜的地方，飲水、休息比較方便，角落處也有迴旋餘地，有利於人與人之間的交流，促進和諧氣氛，還可以放在明堂的位置。

垃圾桶

和廁所的風水設置同理，垃圾桶也是污穢之物的集中地，也不適合放置在吉利的方位。在二十四山方位中，辰、戌、丑、未四個方位是適合擺放垃圾桶的。如果每間房都有垃圾桶，應注意它們在每間房所在的位置，如果不能將它們都放到合適的方位，至少家中收集主要垃圾的垃圾桶應該要位於適宜的四個方位中。

如果住宅內的垃圾桶管理不善，就可能導致垃圾桶中的臭味四散，

破壞整個住宅的空氣品質，還可能招來蚊蟲，不利家中的健康和風水，所以最好是使用有蓋子的垃圾桶。不過屋裡的垃圾最好還是隨時處理，所以屋裡的垃圾桶最好選擇較為小巧的，以便於隨時清理。垃圾桶也應經常清洗，避免滋生細菌和產生味道。

不管垃圾桶位於什麼方位，是否經常清理，都會給人不好的印象。化解的方式是選擇漂亮的垃圾桶，使其外觀不讓人感覺到這是污穢之物。越漂亮的垃圾桶，越能改變垃圾桶的不利風水。

牆壁上的釘子

許多人都有過這樣的驚豔，為了在牆上掛一幅圖畫，首先要在牆壁上釘一根釘子。許多時候，人們只考慮到圖畫是否能給房屋增添美感，而忽視了釘子的方位對住宅的風水影響。

風水學認為，釘子釘在西南方的牆上，則表示母親的健康會出問題；釘在西方的牆上，則表示小女兒可能會生病。但沒有畫框遮擋的釘子，給人強烈的尖銳感，會在無形中刺痛人的身體。

當然，在釘子上懸掛畫框可以遮蔽釘子的尖銳感，因而對風水沒有影響。但最好是想法將釘子的頭遮蓋起來，如在釘子的頭上裝飾一些軟性飾物即可解決。如果釘子不用的話，最好還是將釘子拔除。

雜物

風水學認為，要使住宅藏風納氣，住宅內必須保持整潔，不應有亂七八糟的雜物出現。因為這些雜物往往成為家中最大的煞氣，只要它們堆放在能看得見的地方就會製造不好的風水效應。其中有三類雜物對風水的影響最大。

第一種是壞掉的電器，第二種是已經發黴、變質的物品，第三種

是從未用過或只用了一次就不再使用的物品。這三類雜物會散發出濃重的穢氣，嚴重影響家庭運勢。

不想讓雜物產生對住宅風水不利的煞氣，最好的辦法就是在住宅中設置一些做收納之用的箱櫃，將家中的雜物都收進箱櫃中，眼不見為淨。經常要使用的雜物可以裝進小籃子，放在櫃子上、桌面或茶几下。對於那些會嚴重影響風水的雜物，應該儘快扔掉。在黃曆上寫有「除」的日子，將雜物扔掉，能改善家中風水。

吸塵器

吸塵器有長長的電線和吸管，就像一隻屬火的蛇，吸盤則是蛇頭。吸塵器是火蛇煞的典型代表，如果不好好收納，會因火盛導致身體不適。吸塵器使用完後，應收拾好電線放回儲物櫃中，而不要隨意放在容易看見的地方。吸盤也應該拆下來，才不會把好的風水都吸走。

汽車

汽車的車型、顏色日趨多樣化，作為日常的代步工具，可以根據自己的五行缺失來選擇車型和顏色。

所缺五行	汽車類型	汽車顏色
水	圓形元素的車型	白色、藍色
木	有瘦長元素的車型	綠色
火	尖形元素的車型	紅色或紫色
土	方形元素的車型	咖啡色
金	白色、銀色或金色	白色、銀色或金色

世界名車的五行屬性

世界名車在經過長時間的市場考驗後，通常能逐漸擁有自己的特質，根據這些特質就可以區分出它們的五行屬性來。

五行	名車
水	瑪莎拉蒂、布加迪、水星
木	捷豹、蓮花
火	法拉利、保時捷、馬自達、飛亞特、愛快羅密歐、福特野馬、道奇毒蛇、悍馬
土	豐田、本田、大眾、斯柯達、藍寶堅尼
金	雪鐵龍、三菱、別克、雪佛蘭、賓士、寶馬、凱迪拉克、賓士、阿斯頓馬丁、迷你、道奇、皮蒂亞克、克萊斯勒

在名車中，也有一些屬於五行混雜的，如勞斯萊斯就兼有木和金的屬性。不過其他的一些品牌，風水界尚未為其歸結出合適的五行。

根據命卦來選擇車號

在中國，數字往往有著各自的吉凶含義，在買車的時候，許多車主喜歡選擇一些吉利的車號，如6、8、9等，但其實這些所謂的吉利號並不一定適合自己，根據自己命卦的數位來選擇車號才是最合適的。

車號中最能起作用的是尾號，尾號應該是車主命卦的飛星數。

選擇買車的吉日

在中國的家庭生活中，買車是件大事，而且買車的時間對運勢有一定的影響，所以最好選擇吉日購買愛車。不過，並不是非要在黃道

吉日買車，選擇買車的吉日可以翻黃曆來確定。黃曆上注有「破日」、「危日」的日子不適合買車，而注有「開」、「滿」、「平」、「定」、「成」的日子，就適合買車了。

根據命卦選擇停車位

身為有車一族，需要比常人多出入一個地方，那就是停車場。因此，停車場的佈局設置對車主有著較大的影響。

風水學認為，汽車是屬火之物，如果將其停在火旺之處就會助旺火氣。八運期間，屬火的九紫星位於西北方，如果五行缺火的人，將車停在西北方是很有利的。但如果五行忌火的人將車停在西北方，則大為不利。如果無法換車位，可以考慮將車位漆成白色。如果無法改變車位的顏色，則應在此處放一桶水來削弱火氣，並時常在此洗車。

第十五章

新婚房

婚房選擇

新婚夫婦在選擇婚房時，一定要注意避免不規則戶型，例如三角形、L 字型戶型等，這類戶型的房子在風水上被認為是有尖角的，是不吉利的，而且還浪費空間，在裝修時也會很麻煩，也會影響新人的心情。

婚房佈置

結婚是快樂的，佈置婚房是新人最開心的事情了，儘管過程免不了勞累。婚房內一定要陽光充足，這樣才能有快樂。房間的顏色不能是深色調的，紅色是不可或缺的，這是傳統的喜慶顏色，用紅色的裝飾物裝飾房間也只能在新婚時間，時間久了還是要減少一些，紅色太多會使人脾氣暴躁，心情不好。

環保是現代裝修的一大特點，婚房的裝修應該更注意，最好提前裝修完，讓屋內的氣味都散發掉。

佈置洞房

所謂「洞房花燭夜，金榜題名時」，為了有個美好的洞房花燭夜，佈置洞房時一定要注意風水問題，例如：

1. 洞房的光照要充足，空氣要流通。新傢俱容易有化學氣味，在空氣流通的房間裡，氣味才好消散，以至於影響頭腦。

2. 要注意室內的色調，不能用深色調，容易有壓抑感，也儘量不要有大面積的粉紅色，因為粉紅色容易引起惶恐和神經衰弱，導致經常吵架。

3. 洞房的床位不能緊靠窗戶，左側的青龍方可靠牆，而右方需要寬敞，以免夫妻失和。

4. 床頭不要有音箱，床前不要正對電視，容易引起神經衰弱。

5. 床前和床的左右不要有鏡子，床前也不能對著廁所門，否則會出現心口疼、腳疼等病。

6. 室內佈置要力求高雅樸素，床頭最好不懸掛太大的結婚照，防止壓迫感過重。藝術照和其他掛圖也儘量少掛。天花板的顏色應避免奇怪的裝潢，應以潔淨的平面為宜。

選擇婚床

如果說結婚選擇吉日是第一重要的，那麼，選擇婚床就是第二重要的了。在選擇婚床時，可以參考以下幾點建議：

1 床頭要舒適，還可以儲物

床頭的軟硬和直斜決定著我們背頸的舒適度。如果床頭是軟的，還可以調節角度，那是最舒適的了。另外，有些東西我們會帶到床上，例如臨睡前的小說、空調遙控器、電視遙控器，如果床頭上 可以擺放，那是最方便不過的。

2 帶輪子的床頭櫃

在臥室裡總有一些瑣碎的小物件需要放在手邊，當然需要有床頭櫃了。不過，一定要檢查床頭櫃的五金件是否優良，推拉時是否流暢。

3 檯燈的設計

臥室裡少不了檯燈，如果檯燈能設置到床頭裡面，不但節省了放檯燈的地方，還伸手可及，便於開關調節，不影響休息。

十二生肖安婚床

　　從風水學的角度看，十二生肖在安置婚床方面有著一定的禁忌，需要嚴加注意，例如：

　　屬鼠的人如果婚床坐南午方，就會主夫妻及家人不和順；如果婚床坐南未方，就會主病厄災禍多；如果婚床坐北丑方，就會主缺子息，

　　屬牛的人如果婚床坐南未方，就會主夫妻及家人不和順；如果婚床坐東辰方，就會主病厄災禍多；如果婚床坐東卯方，就會主缺子息。

　　屬虎的人如果婚床坐西申方，就會主夫妻及家人不和順；如果婚床坐北丑方，就會主病厄災禍多；如果婚床坐西申方，就會主缺子息。

　　屬兔的人如果婚床坐西酉方，就會主夫妻及家人不和順；如果婚床坐西戌方，就會主病厄災禍多；如果婚床坐東卯方，就會主缺子息。

　　屬龍的人如果婚床坐西戌方，就會主夫妻及家人不和順；如果婚床坐南未方，就會主病厄災禍多；如果婚床坐東卯方，就會主缺子息。

　　屬蛇的人如果婚床坐北亥方，就會主夫妻及家人不和順；如果婚床坐東辰方，就會主病厄災禍多；如果婚床坐西申方，就會主缺子息。

　　屬馬的人如果婚床坐北子方，就會主夫妻及家人不和順；如果婚床坐北丑方，就會主病厄災禍多；如果婚床坐北丑方，就會主缺子息。

　　屬羊的人如果婚床坐北丑方，就會主夫妻及家人不和順；如果婚床坐西戌方，就會主病厄災禍多；如果婚床坐東卯方，就會主缺子息。

　　屬猴的人如果婚床坐東寅方，就會主夫妻及家人不和順；如果婚床坐南未方，就會主病厄災禍多；如果婚床坐西申方，就會主缺子息。

　　屬雞的人如果婚床坐東卯方，就會主夫妻及家人不和順；如果婚床坐東辰方，就會主病厄災禍多；如果婚床坐北丑方，就會主缺子息。

　　屬狗的人如果婚床坐東辰方，就會主夫妻及家人不和順；如果婚床坐北丑方，就會主病厄災禍多；如果婚床坐東卯方，就會主缺子息。

屬豬的人如果婚床坐南巳方，就會主夫妻及家人不和順；如果婚床坐西戌方，就會主病厄災禍多；如果婚床坐西申方，就會主缺於息。

擺放結婚照

一般說來，新婚房間裡都會掛幾張結婚照，對於現在追求時尚和另類的年輕人來說，雖然老套，但都還按部就班地進行著。那麼，結婚照對婚姻運有關係嗎？答案是肯定的。

結婚照一般都掛在客廳或臥室。在家中西北方代表丈夫，西南方代表妻子。結婚照掛在大廳的西北方代表丈夫深愛著妻子，而西南方則代表妻子視丈夫為終身伴侶的堅決性。也有的人將結婚照放在床頭，床頭代表坐山，結婚照放在床頭，代表夫妻間有良好的感情生活。宜可放在床的左方，即青龍位，可使夫妻雙方幸福美滿。但是，結婚照不能放在床的右方，即白虎位，放在此方會對婚姻造成不利。

鏡子

鏡子是洞房內必不可缺的裝飾品，新婚時在新居裡佈置鏡子，如果位置選擇得當，能夠化解頹勢、讓新婚夫婦的家庭更加順暢、合諧，還可以達到增加新婚夫婦的運勢的作用。但是在擺放鏡子的時候要注意鏡子的位置，否則就會帶來反效果。

例如，結婚照擺放在合適的位置能夠加深夫妻感情，但如果在結婚照的旁邊擺放鏡子，可以直接照到結婚照，看起來就像兩幅結婚照相對擺放，這種格局會招來不好的餓桃花運，給婚姻帶來負面影響，對自己和家庭都不利。

鐘錶

雖然説發出滴答聲的鐘錶對於新婚家庭來説是最有浪漫氣息的飾品，但是，一定要注意鐘錶的形狀要避免用圓形的、三角形和多邊形的，這些形狀的鐘錶會導致新婚夫婦不和，而方形的鐘錶可以讓夫婦間更和諧。另外每個房間只能擺放一個鐘錶，否則新人會有做事不堅決的煩惱。

復古傢俱

如今，流行復古風，很多新婚夫婦選擇在新婚房內擺放一些復古的傢俱，有利於夫妻間的感情，例如，復古的化妝盒擺放在桌上，可以增加臥室的古典氣息，還能達到聚攏財富的作用，在客廳裡擺放一盞復古的小燈，暖暖的光可使夫妻二人的關係很密切，廁所內用復古的壁燈，木製的臉盆，不僅能增加情趣，愉悅心情，還能促進夫妻感情。

男孩不好意思問的事

全面揭示青春期男孩成長中的祕密

解答青春期遇到的困惑

消除成長中的煩惱

用智慧、務實又幽默的口吻

解答男孩成長為男子漢過程中的疑問

女孩不好意思問的事

每個處於青春期的女孩

都是這世上獨一無二的玫瑰

各種惱人的問題，許多羞於啟齒的祕密

不知與誰訴說

用心呵護，經歷洗禮

給予女孩那一份私密的溫暖

永續圖書
線上購物網

www.foreverbooks.com.tw

◆ 加入會員即享活動及會員折扣。

◆ 每月均有優惠活動，期期不同。

◆ 新加入會員三天內訂購書籍不限本數金額，
即贈送精選書籍一本。（依網站標示為主）

專業圖書發行、書局經銷、圖書出版

永續圖書總代理：
五觀藝術出版社、培育文化、棋茵出版社、達觀出版社、
可道書坊、白橡文化、大拓文化、讀品文化、雅典文化、
知音人文化、手藝家出版社、璞珅文化、智學堂文化、語
言鳥文化

活動期內，永續圖書將保留變更或終止該活動之權利及最終決定權。

開運風水大師：

謝謝您購買　　　　　**簡易居家風水輕鬆學**　　　　　這本書！

即日起，詳細填寫本卡各欄，對折免貼郵票寄回，我們每月將抽出一百名回函讀者寄出精美禮物，並享有生日當月購書優惠！

想知道更多更即時的消息，歡迎加入 "永續圖書粉絲團"

您也可以利用以下傳真或是掃描圖檔寄回本公司信箱，謝謝。

傳真電話：（02）8647-3660　　　　　　信箱：yungjiuh@ms45.hinet.net

☺ 姓名：　　　　　　　　　　□男　□女　　　□單身　□已婚

☺ 生日：　　　　　　　　　　□非會員　　　□已是會員

☺ E-Mail：　　　　　　　　電話：（　）

☺ 地址：

☺ 學歷：□高中及以下　□專科或大學　□研究所以上　□其他

☺ 職業：□學生　□資訊　□製造　□行銷　□服務　□金融

　　　　□傳播　□公教　□軍警　□自由　□家管　□其他

☺ 您購買此書的原因：□書名　□作者　□內容　□封面　□其他

☺ 您購買此書地點：　　　　　　　　　　金額：

☺ 建議改進：□內容　□封面　□版面設計　□其他

　　　您的建議：